20 lecciones de

Psicología Práctica

Para mejorar tu vida
y alcanzar el éxito

Phillips Tahuer

Ediciones Afrodita

Contenido:

Introducción

En un mundo en constante cambio y lleno de desafíos, la búsqueda del éxito y el bienestar personal se ha convertido en una prioridad para muchas personas. Sin embargo, a menudo nos encontramos atrapados en patrones de pensamiento y comportamiento que nos impiden alcanzar nuestras metas y vivir la vida que deseamos. Aquí es donde la psicología, como ciencia del comportamiento humano, se convierte en una herramienta poderosa y transformadora.

La psicología práctica se centra en la aplicación de teorías y hallazgos psicológicos a situaciones del mundo real. A diferencia de otras corrientes más teóricas, que pueden enfocarse en la investigación abstracta y la elaboración de modelos conceptuales complejos, la psicología práctica busca soluciones tangibles y efectivas para los desafíos que enfrentamos en nuestra vida diaria. Esta rama de la psicología enfatiza la importancia de entender cómo aplicar el conocimiento psicológico en contextos cotidianos, proporcionando estrategias concretas que las personas pueden utilizar para mejorar su bienestar y alcanzar sus objetivos.

En "20 lecciones de Psicología Práctica para mejorar tu vida y alcanzar el éxito", exploraremos una selección de experimentos psicológicos significativos que han dado forma a nuestra comprensión de la mente humana. Desde los estudios clásicos hasta las investigaciones contemporáneas, cada lección nos revelará insights valiosos sobre cómo funciona nuestra mente y cómo nuestras decisiones, creencias y emociones pueden influir en nuestro día a día.

Este libro no solo se centra en los métodos y resultados de estos experimentos, sino que también enfatiza su utilidad práctica. Aprenderemos a aplicar estos hallazgos en nuestras vidas cotidianas, ofreciendo estrategias concretas para enfrentar desafíos, mejorar nuestras relaciones y alcanzar nuestras aspiraciones. A través de cada lección, descubrirás cómo los principios psicológicos pueden ser implementados en situaciones reales, brindándote las herramientas necesarias para promover un cambio positivo.

Invitamos al lector a sumergirse en el fascinante mundo de la psicología y a reflexionar sobre sus propias experiencias y comportamientos. Las lecciones que se presentan en este libro están diseñadas para inspirar, motivar y guiarte en tu camino hacia el éxito y la autorrealización. Acompáñanos en este viaje de autodescubrimiento y crecimiento personal, y conviértete en el arquitecto de tu propia vida.

1. La esperanza no es lo último que se pierde, sino lo primero

El experimento de Curt Richter con ratas, llevado a cabo en la década de 1950, es un ejemplo fascinante de cómo la desesperanza y la esperanza pueden influir drásticamente en la supervivencia. El estudio reveló el poderoso impacto psicológico que tiene la expectativa de un rescate o un resultado positivo.

El experimento

Curt Richter, un psicobiólogo de la Universidad Johns Hopkins realizó una serie de experimentos con ratas sumergidas en agua para medir cuánto tiempo podían nadar antes de rendirse y ahogarse. En un primer grupo, dejó que las ratas nadaran hasta que se agotaran por completo y, en promedio, sobrevivieron unos 15 minutos antes de darse por vencidas y ahogarse.

Sin embargo, en un segundo grupo de ratas, justo cuando parecía que iban a rendirse, Richter las sacó del agua, las secó y las dejó descansar brevemente antes de devolverlas al agua. Sorprendentemente, estas ratas, que previamente parecían a punto de morir, lograron nadar no solo por otros 15 minutos, sino que algunas nadaron hasta 60 horas.

Richter concluyó que las ratas del segundo grupo, al haber sido rescatadas una vez, adquirieron esperanza, es decir, que esperaban que una mano salvadora, nuevamente, vendría por ellas. Este rescate temporal les dio la expectativa de que podrían ser salvadas nuevamente, y esto las motivó a seguir nadando mucho más tiempo de lo que se habría considerado posible.

El experimento ilustra que la desesperación no solo se trata de una condición física, sino que la psique juega un papel fundamental en la resistencia y la capacidad para seguir luchando en situaciones difíciles. Cuando las ratas creían que había una posibilidad de rescate, su resistencia física aumentó dramáticamente.

Enseñanzas para la vida diaria

El poder de la esperanza: Una de las lecciones más importantes es el impacto que tiene la esperanza en la resistencia humana. En situaciones difíciles, creer que las cosas pueden mejorar o que puede haber una solución en el futuro puede marcar la diferencia entre rendirse y perseverar.

El impacto de pequeñas victorias: Así como las ratas que fueron rescatadas una vez lograron nadar mucho más tiempo, en la vida diaria, alcanzar pequeños logros o recibir apoyo en momentos clave puede revitalizar nuestra energía y darnos la fortaleza para continuar luchando.

La importancia del apoyo externo: Así como las ratas fueron rescatadas en el momento crítico, en la vida cotidiana, las personas también necesitan apoyo, ya sea emocional o práctico, para sobrellevar momentos de crisis. Un gesto de ayuda, palabras de aliento o simplemente estar presentes para alguien en un momento difícil pueden marcar una diferencia significativa en su capacidad para seguir adelante.

La resiliencia es mental y emocional: La resistencia no es solo física; la resiliencia mental es esencial para perseverar ante los desafíos. La creencia de que las dificultades actuales pueden cambiar o mejorar influye enormemente en la capacidad de una persona para soportar situaciones adversas. Cultivar una mentalidad resiliente es clave para superar obstáculos.

El peligro de la desesperanza: Las ratas que no tenían esperanza se rindieron en muy poco tiempo, lo que muestra lo devastadora que puede ser la desesperanza. En la vida humana, el sentimiento de impotencia y la falta de fe en el futuro pueden llevar a rendirse prematuramente ante situaciones que podrían haber tenido solución. Es crucial reconocer estos estados emocionales y trabajar en recuperar una visión positiva o pedir ayuda cuando sea necesario.

El poder de la expectativa: Cuando creemos que algo positivo puede suceder, estamos más inclinados a esforzarnos y no rendirnos. Esto se relaciona con el concepto de expectativa de éxito, que sugiere que, si creemos que nuestros esfuerzos serán recompensados, estamos dispuestos a persistir más tiempo.

Comprender las ideologías: Toda ideología (política o religiosa) tiene un componente de esperanza, que hace que el fiel se adhiera a ella, soportando su realidad actual, a la espera de un futuro mejor.

Aplicación práctica en la vida diaria

Ante los problemas, buscar esperanza: Enfrentar dificultades con la creencia de que existe una solución o que las cosas pueden mejorar nos permite encontrar la energía y el enfoque necesario para seguir luchando.

Dividir metas grandes en logros pequeños: Al igual que el breve rescate de las ratas, alcanzar metas pequeñas puede renovar nuestra motivación y darnos la fortaleza para continuar hacia objetivos mayores.

Rodearse de personas de apoyo: Las personas que nos rodean influyen en nuestra capacidad de superar los desafíos. Buscar apoyo emocional y ayuda externa en momentos críticos puede ser determinante para mantenernos firmes.

Desarrollar una mentalidad resiliente: Trabajar en nuestras capacidades emocionales y mentales, como la autoeficacia, la esperanza y el optimismo, puede prepararnos para enfrentar adversidades de manera más eficaz.

El experimento de Curt Richter, aunque sencillo, es un potente recordatorio de cómo el estado mental y las creencias sobre el futuro pueden alterar nuestra capacidad para persistir, incluso en situaciones extremas.

2. Efecto del refuerzo positivo

El refuerzo positivo es un concepto clave en la teoría del condicionamiento operante desarrollada por el psicólogo B.F. Skinner. Esta teoría sugiere que las consecuencias de una acción influyen en la probabilidad de que esa acción se repita en el futuro. El refuerzo positivo ocurre cuando una conducta es seguida por una recompensa o un estímulo agradable, lo que aumenta la probabilidad de que esa conducta se repita.

El experimento de Skinner
B.F. Skinner diseñó una serie de experimentos usando lo que se conoce como la "caja de Skinner" (una cámara de condicionamiento operante) para estudiar cómo los animales aprenden a través de las consecuencias de sus acciones.

En sus experimentos más conocidos, Skinner colocaba animales, comúnmente ratas o palomas, dentro de una caja equipada con una palanca (para ratas) o un disco (para palomas). Dentro de la caja, el animal podía interactuar con este dispositivo y recibir una recompensa, generalmente comida. Skinner observaba cómo el comportamiento del animal cambiaba según las consecuencias de sus acciones:

Refuerzo positivo: Si una rata presionaba la palanca, recibía una bolita de comida. A través de la repetición de este proceso, la rata aprendía que presionar la palanca resultaba en una recompensa, por lo que este comportamiento se volvía más frecuente.

Refuerzo negativo: En otra variante del experimento, la palanca detenía una corriente eléctrica que era desagradable para la rata. En este caso, el comportamiento de presionar la palanca se reforzaba porque eliminaba un estímulo negativo (la corriente eléctrica).

Castigo: Skinner también exploró cómo el castigo (introducción de un estímulo negativo o la eliminación de un estímulo positivo) podía afectar el comportamiento. Sin embargo, descubrió que el refuerzo positivo era más efectivo para enseñar comportamientos a largo plazo.

El experimento demostró que cuando un comportamiento es seguido de una recompensa (refuerzo positivo), la probabilidad de que ese comportamiento se repita en el futuro aumenta significativamente. Las ratas aprendieron a asociar la acción de presionar la palanca con la consecuencia de recibir comida, y, por lo tanto, lo hicieron con más frecuencia.

Enseñanzas para la vida diaria

El refuerzo positivo es una herramienta poderosa no solo en el aprendizaje animal, sino también en la conducta humana. Las lecciones que se derivan de este principio tienen aplicaciones en numerosos aspectos de la vida cotidiana:

Fomentar buenos hábitos: Reforzar positivamente los comportamientos que deseamos ver en nosotros mismos o en los demás es más efectivo que centrarse en castigar lo negativo. Por ejemplo, si alguien quiere adquirir el hábito de hacer ejercicio, recompensarse con algo agradable (como ver un episodio de una serie favorita) después de cada sesión de ejercicio puede aumentar la probabilidad de mantener el hábito.

Educación y crianza: En la educación infantil, recompensar a los niños por comportamientos positivos, como compartir, hacer la tarea o ayudar en casa, puede ser mucho más efectivo para desarrollar esos comportamientos a largo plazo que castigar por el mal comportamiento. Esto también aumenta la autoestima del niño y fomenta una relación más positiva con los padres o profesores.

Motivación laboral: En el ámbito laboral, el uso de recompensas para reforzar un buen rendimiento (como elogios, bonificaciones o reconocimiento público) puede mejorar la motivación de los empleados y aumentar la productividad. El refuerzo positivo también crea un ambiente laboral más positivo, en lugar de uno basado en el temor al castigo.

Relaciones interpersonales: En las relaciones personales, reforzar conductas positivas como el apoyo, la empatía o los actos de amabilidad con expresiones de gratitud o afecto puede fortalecer las relaciones. Las personas tienden a repetir conductas que son bien recibidas o recompensadas.

Manejo del comportamiento personal: El refuerzo positivo también puede usarse para modificar nuestras propias conductas. Si estamos tratando de desarrollar nuevos hábitos o eliminar comportamientos no deseados, recompensarnos por los pequeños avances puede mantenernos motivados.

Construcción de autoestima: Reconocer y recompensar los esfuerzos y logros, en lugar de centrarse en los fracasos, ayuda a construir una autoestima saludable. El refuerzo positivo no solo refuerza la conducta, sino que también refuerza la creencia en la propia capacidad de lograr metas.

El principio de refuerzo positivo subraya que la recompensa por un comportamiento deseado es una herramienta poderosa para modificar conductas y fomentar el aprendizaje. En lugar de enfocarnos en el castigo por comportamientos no deseados, Skinner mostró que recompensar los comportamientos positivos lleva a mejores resultados a largo plazo, tanto en el aprendizaje de los animales como en el comportamiento humano. Aplicar este principio puede mejorar la educación, las relaciones personales, la motivación laboral y el desarrollo de buenos hábitos en nuestra vida diaria.

3. La importancia de las metas específicas

La Teoría de la Fijación de Metas de Edwin Locke, desarrollada en la década de 1960, sostiene que las metas claras y específicas conducen a un mejor rendimiento que las metas vagas o indefinidas. Locke descubrió que la fijación de objetivos precisos y desafiantes motiva a las personas a esforzarse más, mejorar su enfoque y lograr mejores resultados.

El experimento de Locke

Uno de los experimentos más representativos de esta teoría fue realizado por Locke junto a Gary Latham. En este estudio, Locke observó cómo el rendimiento de los trabajadores mejoraba significativamente cuando se les daban metas claras y desafiantes en comparación con trabajadores a quienes se les daban metas fáciles o vagas.

Locke y su equipo realizaron el experimento en entornos laborales donde los participantes, que eran empleados de una fábrica, debían cumplir ciertas tareas como ensamblar piezas o producir productos en una línea de montaje. Los investigadores separaron a los trabajadores en dos grupos:

<u>Grupo de metas específicas y desafiantes:</u> A este grupo se le establecieron metas claras y medibles, como producir un número específico de unidades en un tiempo determinado. Además, estas metas eran desafiantes pero realistas.

<u>Grupo de metas vagas o fáciles:</u> A este grupo se le dieron instrucciones más ambiguas, como "hacer lo mejor que puedas" o "intenta aumentar la producción",

sin especificar un objetivo concreto ni un estándar de medición.

El experimento mostró que el grupo al que se le dieron metas específicas y desafiantes superó significativamente al grupo que recibió metas vagas o fáciles. Los trabajadores con metas específicas lograron mayor producción, trabajaron con mayor enfoque y energía, y demostraron más motivación para mejorar su rendimiento.

Además, Locke encontró que las metas difíciles, pero alcanzables, conducen a un mejor rendimiento que las metas demasiado fáciles. La clave estaba en que los empleados sentían que debían esforzarse para alcanzar los objetivos, pero sabían que era posible lograrlos con suficiente dedicación.

Teoría de la Fijación de Metas (Key Points)

- Las metas específicas proporcionan claridad y dirección, lo que ayuda a las personas a enfocar sus esfuerzos.
- Las metas deben ser desafiantes pero alcanzables, ya que si una meta es demasiado fácil no motiva, y si es demasiado difícil puede ser desalentadora.
- El feedback es crucial. Locke también destacó que las personas necesitan recibir retroalimentación sobre su progreso hacia la meta para ajustar sus esfuerzos y mantenerse motivadas.
- El compromiso con la meta es importante. Las personas deben estar comprometidas con sus objetivos para lograr un mayor rendimiento.

Enseñanzas para la vida diaria

Establecer metas claras y específicas: En cualquier aspecto de la vida, ya sea profesional, académico o personal, las metas vagas no conducen a la acción. Por ejemplo, en lugar de decir "quiero estar en forma", una meta más efectiva sería "quiero correr 5 kilómetros en menos de 30 minutos dentro de dos meses". Esta meta tiene un objetivo claro y una medida concreta.

Las metas desafiantes impulsan el esfuerzo: Cuando establecemos metas que requieren esfuerzo, pero son alcanzables, nos motivamos más a trabajar duro para lograrlas. Esto se aplica tanto en el trabajo como en la vida personal. Metas como "aprender un nuevo idioma en 6 meses" o "escribir un libro en un año" pueden ser motivadoras porque son desafiantes, pero posibles con dedicación.

Dividir grandes metas en sub-metas: Una meta grande puede parecer abrumadora. Dividir una meta en pasos más pequeños y manejables puede facilitar el progreso y proporcionar una mayor sensación de logro. Por ejemplo, en lugar de "quiero ahorrar para comprar una casa", es más efectivo decir "quiero ahorrar $500 al mes durante los próximos 5 años".

La importancia del feedback: Para mantener la motivación, es fundamental hacer un seguimiento del progreso hacia la meta. Si trabajas en un proyecto a largo plazo, como perder peso o desarrollar una nueva habilidad, revisar tu avance periódicamente te permitirá ajustar tus estrategias y mantenerte enfocado.

Mejor rendimiento en el trabajo y la vida personal: En el trabajo, fijar metas claras y específicas para ti mismo o para tu equipo puede aumentar la productividad. Los empleados con objetivos bien definidos suelen estar más enfocados y motivados. En la vida personal, metas como mejorar la comunicación en una relación o aprender a tocar un instrumento musical se logran mejor cuando se establece un plan de acción claro y medible.

Mantener el compromiso con las metas: El compromiso personal con una meta es clave. Si una persona no está realmente comprometida con lo que ha establecido, es probable que abandone a la primera señal de dificultad. Esto implica que las metas deben ser personalmente significativas y alinearse con los valores y aspiraciones.

Evitar metas demasiado fáciles: Las metas que no requieren esfuerzo para alcanzarlas pueden reducir la motivación. Por ejemplo, si alguien tiene una habilidad natural para correr, establecer la meta de correr 1 kilómetro no supondrá un desafío y no incentivará el esfuerzo. Es mejor fijar una meta que requiera esfuerzo continuo, como mejorar tiempos o distancias.

La teoría de la fijación de metas de Edwin Locke enseña que las metas claras, específicas y desafiantes nos motivan a rendir más y nos proporcionan un enfoque hacia nuestros esfuerzos. Tanto en el trabajo como en la vida personal, establecer objetivos concretos, medibles y ambiciosos nos permite maximizar nuestro rendimiento, mientras que las metas vagas nos dejan sin dirección.

4. Autocontrol limitado

El concepto de autocontrol limitado fue propuesto por el psicólogo Roy Baumeister a partir de su investigación sobre la fuerza de voluntad. Baumeister y su equipo descubrieron que el autocontrol funciona como un recurso limitado que puede agotarse, un fenómeno que él llamó agotamiento del ego. Este estudio muestra que ejercer autocontrol en una tarea reduce nuestra capacidad de autocontrol en tareas posteriores, lo que sugiere que la fuerza de voluntad es como un músculo que puede fatigarse con el uso constante.

El experimento de Baumeister

Uno de los experimentos más conocidos de Baumeister fue el "experimento del chocolate y el rábano", realizado en la década de 1990.

Baumeister reunió a un grupo de estudiantes universitarios en un laboratorio y les pidió que se saltaran una comida para que llegaran con hambre. Luego, los dividió en dos grupos:

<u>Grupo de rábano:</u> A los participantes de este grupo se les presentó un plato con galletas de chocolate recién horneadas y bombones de chocolate, junto con un plato de rábanos. Sin embargo, se les pidió que solo comieran los rábanos y que evitaran los dulces. Los investigadores supervisaron para asegurarse de que resistieran la tentación de comer las galletas.

<u>Grupo de chocolate:</u> A los participantes de este grupo se les permitió comer libremente de las galletas de chocolate y bombones.

Después de esta fase, ambos grupos debían realizar una tarea que requería persistencia y concentración, resolviendo un rompecabezas complejo que en realidad era imposible de resolver. Lo que los investigadores querían medir era cuánto tiempo persistían los participantes antes de rendirse.

Los resultados fueron reveladores: los participantes que habían ejercido autocontrol al resistir la tentación de las galletas (grupo de rábanos) se rindieron mucho antes en la tarea del rompecabezas que los que no habían tenido que ejercer ese autocontrol (grupo de chocolate). En promedio, los del grupo de rábanos persistieron solo 8 minutos en el rompecabezas antes de rendirse, mientras que los del grupo de chocolate persistieron por 19 minutos.

Esto sugirió que el autocontrol se había agotado en el grupo de rábanos, afectando su capacidad para seguir enfrentando un desafío difícil inmediatamente después.

Teoría del agotamiento del ego

Baumeister formuló la hipótesis de que el autocontrol es un recurso limitado que, cuando se usa, se agota temporalmente, afectando el rendimiento en tareas futuras que también requieren esfuerzo mental o autocontrol. A este fenómeno lo llamó agotamiento del ego.

Enseñanzas para la vida diaria

El experimento de Baumeister y la teoría del autocontrol limitado tienen implicaciones importantes para el manejo de la fuerza de voluntad y la productividad en la vida diaria. Algunas lecciones clave son:

El autocontrol es un recurso limitado: Igual que los músculos se cansan después de un esfuerzo prolongado, nuestra fuerza de voluntad se agota con el uso. Si has estado resistiendo tentaciones o tomando decisiones difíciles durante todo el día, es más probable que te rindas ante tentaciones más tarde. Ser consciente de este agotamiento puede ayudarnos a planificar mejor.

Evitar la toma excesiva de decisiones: La fatiga de decisiones es un fenómeno relacionado, donde tomar demasiadas decisiones en un corto período puede agotar nuestra fuerza de voluntad. Para evitar esto, es útil reducir la cantidad de decisiones innecesarias durante el día. Por ejemplo, usar una rutina para las cosas cotidianas (como la ropa que usarás o lo que desayunarás) puede liberar autocontrol para decisiones más importantes.

Priorizar las tareas más difíciles: Si tienes que hacer algo que requiere mucho autocontrol, como trabajar en una tarea complicada o resistir una tentación, hazlo temprano en el día cuando tu fuerza de voluntad está en su punto más alto. Las tareas más sencillas o que requieren menos esfuerzo se pueden dejar para más tarde, cuando tu autocontrol esté más bajo.

Tomarse descansos para recargar: El autocontrol puede agotarse, pero también se puede recargar. Tomarse pequeños descansos, relajarse, meditar o simplemente desconectar de las tareas que requieren esfuerzo mental puede restaurar tu capacidad de autocontrol. Así como los músculos necesitan descanso, nuestra fuerza de voluntad también.

Reconocer las limitaciones del autocontrol: Ser consciente de que tu fuerza de voluntad puede agotarse te permite ser más compasivo contigo mismo. Si estás en un momento de debilidad, no significa que carezcas de autocontrol por completo, sino que quizás lo has agotado temporalmente. En lugar de culparte, busca maneras de restaurarlo, como descansar o planificar mejor tu tiempo.

Desarrollar el autocontrol como un músculo: Aunque el autocontrol puede agotarse, también puede fortalecerse con la práctica. Si constantemente te expones a situaciones que requieren pequeñas dosis de autocontrol y gradualmente aumentas el desafío, puedes aumentar tu capacidad para manejar situaciones difíciles a largo plazo.

Comer y descansar bien: La investigación de Baumeister también sugiere que la glucosa es un combustible importante para el autocontrol. Mantener niveles estables de energía a través de una buena alimentación y descanso es esencial para sostener el autocontrol. Evitar largas jornadas de trabajo sin comer o privarse de sueño reduce la capacidad de tomar buenas decisiones y resistir tentaciones.

Simplicidad en las rutinas: Baumeister señala que las personas exitosas a menudo eliminan la necesidad de tomar muchas decisiones al estructurar sus vidas de manera simple. Por ejemplo, personajes como Steve Jobs o Mark Zuckerberg adoptaban vestuarios repetitivos para minimizar la toma de decisiones triviales, reservando su energía para decisiones importantes.

El estudio de Baumeister sobre el autocontrol limitado demuestra que la fuerza de voluntad es un recurso finito que se puede agotar temporalmente, pero que también puede gestionarse y fortalecerse. En la vida diaria, es crucial aprender a administrar nuestro autocontrol, reconocer cuándo estamos mentalmente agotados, y estructurar nuestras tareas de manera que evitemos la fatiga de decisiones. Las estrategias para recargar nuestra fuerza de voluntad y reducir la toma de decisiones innecesarias pueden ayudarnos a ser más efectivos y exitosos en nuestras metas.

5. La presión social influye en las decisiones

El experimento de conformidad de Solomon Asch, realizado en la década de 1950, es uno de los estudios más famosos sobre cómo la presión social puede influir en las decisiones de las personas, incluso cuando estas decisiones van en contra de lo que saben que es correcto. Asch demostró que, bajo ciertas condiciones, los individuos pueden conformarse con la opinión del grupo, aunque esta opinión sea incorrecta.

El experimento de Asch

El objetivo de Asch era investigar hasta qué punto las personas cederían ante la presión del grupo al tomar decisiones, incluso cuando la respuesta correcta era obvia.

El experimento involucró a un grupo de entre 7 y 9 personas, pero en realidad solo una de ellas era el sujeto real del estudio; el resto eran cómplices del experimentador (conocidos como confederados). Los participantes se sentaban en una sala y se les mostraban una serie de tarjetas con líneas de diferentes longitudes. La tarea era simple: determinar cuál de las tres líneas (A, B o C) era de la misma longitud que una línea de referencia.

Los confederados, siguiendo instrucciones del investigador, respondían de manera incorrecta en varias rondas del experimento. Es decir, deliberadamente escogían una línea claramente incorrecta, pero en unanimidad.

El sujeto real respondía al final de la fila, después de escuchar las respuestas incorrectas de los demás. La pregunta clave era si la persona se atrevería a dar la respuesta correcta, en contradicción con el grupo, o si se conformaría con la respuesta errónea del grupo.

En los ensayos control (cuando los confederados no daban respuestas incorrectas), los sujetos casi siempre respondían correctamente. Sin embargo, cuando los confederados daban respuestas incorrectas, aproximadamente el 75% de los participantes se conformaron con la mayoría al menos una vez, dando la respuesta incorrecta que el grupo había dado. En promedio, los sujetos conformaron en un 37% de los ensayos críticos.

Lo más revelador fue que muchos de los participantes sabían que la respuesta del grupo estaba mal, pero aun así decidieron conformarse. Algunos de los que se conformaron reportaron que lo hicieron para evitar ser el "único" que estaba en desacuerdo o para no parecer "diferente", mientras que otros comenzaron a dudar de su propia percepción bajo la presión grupal.

Asch concluyó que la presión social tiene un efecto poderoso sobre las decisiones individuales, incluso cuando las personas saben que el grupo está equivocado. La conformidad ocurre por varias razones:

Deseo de aceptación: Las personas no quieren ser vistas como diferentes o perturbadoras, por lo que se conforman con la mayoría para evitar el rechazo.

Duda de sí mismo: A veces, la presión del grupo es tan fuerte que las personas comienzan a cuestionar su propia percepción y llegan a creer que el grupo debe estar en lo correcto.

Evitar el conflicto: En muchos casos, la conformidad es una estrategia para evitar el conflicto o la confrontación, ya que estar en desacuerdo con un grupo puede generar tensión social.

Enseñanzas para la vida diaria

La influencia del grupo es poderosa: Este experimento destaca el impacto que puede tener la presión social en las decisiones cotidianas. En situaciones como elecciones en grupo, decisiones de equipo o incluso cuestiones personales, las opiniones mayoritarias pueden ejercer una gran presión, incluso si no son correctas. Esto es relevante tanto en el ámbito social como en el profesional.

Cuestionar la opinión del grupo: Es importante mantener una perspectiva crítica cuando se enfrenta a la opinión del grupo. Aunque el deseo de pertenecer a un grupo es natural, no debemos sacrificar nuestros propios juicios y convicciones si sabemos que algo es incorrecto. Desarrollar la capacidad de resistir la conformidad es esencial para mantener la integridad personal y tomar decisiones más auténticas.

La importancia de la confianza en uno mismo: El experimento de Asch muestra cómo la duda sobre uno mismo puede surgir bajo la presión social. En situaciones en las que hay presión para seguir la mayoría, es crucial confiar en la propia percepción y juicio, especialmente cuando hay evidencia clara de lo que es correcto. Fortalecer la confianza en nuestras propias habilidades puede ayudarnos a resistir el impulso de conformarnos ciegamente.

La conformidad puede ser destructiva: En algunas situaciones, seguir ciegamente a la mayoría puede llevar a malas decisiones, tanto a nivel personal como a nivel social. Esto puede incluir decisiones financieras, éticas o morales. Por ejemplo, la conformidad en el trabajo podría llevar a aceptar prácticas poco éticas porque "todos lo hacen". Ser capaz de mantener una postura ética a pesar de la presión del grupo es crucial para la toma de decisiones responsable.

Evitar la toma de decisiones grupales poco reflexivas: El fenómeno de la conformidad de grupo puede ser especialmente perjudicial en situaciones en las que la deliberación y el pensamiento crítico son necesarios, como en los juicios, decisiones políticas o en los negocios. Esto es conocido como el fenómeno del pensamiento grupal (groupthink), donde las personas dentro de un grupo tienden a suprimir sus opiniones individuales para no perturbar la armonía del grupo. Tomar decisiones en grupo requiere que cada miembro se sienta capacitado para expresar su opinión de manera honesta, incluso si difiere del resto.

Fortalecer el pensamiento crítico en los jóvenes: En el ámbito de la educación y la crianza, es importante enseñar a los jóvenes a ser críticos ante la presión social. Este experimento tiene implicaciones en cómo educamos a las nuevas generaciones para que no solo acepten la norma por defecto, sino que también cuestionen lo que el grupo dice o hace, si va en contra de sus propios valores.

Tomar conciencia del sesgo social: Ser conscientes de cómo la presión social puede influir en nuestra percepción es un primer paso para resistirla. Reconocer la tendencia a conformarnos bajo ciertas circunstancias, nos permite estar alertas para evitar seguir ciegamente la corriente, y así poder tomar decisiones más conscientes.

Crear espacios para la disidencia: En las relaciones personales o profesionales, es fundamental crear un entorno en el que las personas se sientan cómodas expresando su desacuerdo. Fomentar un espacio donde no se penalice a las personas por tener una opinión diferente puede llevar a decisiones más equilibradas y bien pensadas.

El experimento de conformidad de Asch muestra lo poderosa que puede ser la presión social para influir en nuestras decisiones, incluso cuando sabemos que estamos en lo correcto. La conformidad puede surgir del deseo de aceptación, la duda sobre nuestras propias percepciones o el deseo de evitar el conflicto. Las lecciones que se derivan de este experimento destacan la importancia de mantener una postura crítica, desarrollar confianza en uno mismo y resistir la presión de seguir ciegamente a la mayoría. En la vida diaria, es crucial que cultivemos el pensamiento independiente y creemos espacios donde se valoren las opiniones divergentes.

6. El efecto Pigmalión

El Efecto Pigmalión es un fenómeno psicológico que demuestra cómo las expectativas de una persona hacia otra pueden influir en el comportamiento de esta última, llevándola a cumplir con esas expectativas, ya sean positivas o negativas. Este concepto fue investigado por los psicólogos Robert Rosenthal y Lenore Jacobson en un experimento que realizaron en la década de 1960, centrándose en el impacto de las expectativas de los maestros en el rendimiento académico de los estudiantes.

El experimento de Rosenthal y Jacobson
El estudio fue realizado en una escuela primaria y su objetivo era observar cómo las expectativas de los maestros influían en el rendimiento de los estudiantes.

<u>Prueba de inteligencia:</u> Al inicio del año escolar, Rosenthal y Jacobson administraron una prueba de inteligencia a todos los estudiantes de la escuela. Sin embargo, no revelaron los resultados reales a los maestros. En su lugar, seleccionaron al azar a un grupo de estudiantes y les dijeron a los maestros que estos niños eran "alumnos sobresalientes" o que mostraban un potencial extraordinario para tener un desarrollo académico notable durante el año.

<u>Expectativas de los maestros:</u> Los maestros no sabían que los estudiantes fueron seleccionados al azar, por lo que asumieron que los niños señalados tenían realmente un potencial elevado. Este cambio en la percepción de los maestros generó expectativas diferentes hacia esos estudiantes, aunque en realidad

no había ninguna diferencia en sus capacidades iniciales.

Evaluación final: Al final del año escolar, los estudiantes fueron sometidos nuevamente a la prueba de inteligencia, y los resultados mostraron que los niños que habían sido etiquetados como "prometedores" por los maestros mejoraron significativamente su rendimiento académico en comparación con los demás.

El estudio demostró que los estudiantes que fueron etiquetados como "prometedores" al azar (sin ninguna base en su rendimiento anterior) mejoraron notablemente en su desempeño académico. Esto no se debió a alguna diferencia real en las habilidades de los niños, sino a las expectativas más altas que los maestros tenían hacia ellos. Los maestros, de forma inconsciente, brindaron más atención, apoyo y estímulo a esos estudiantes, lo que a su vez aumentó la motivación y el rendimiento de los niños.

El estudio reveló que las expectativas de los demás pueden influir profundamente en el comportamiento y el rendimiento de una persona. En este caso, las expectativas positivas de los maestros hacia los estudiantes llevaron a los niños a rendir mejor académicamente. A esto se le llama Efecto Pigmalión, en referencia al mito griego de Pigmalión, un escultor que se enamoró de una estatua que había creado, la cual cobró vida debido a su creencia en su perfección.

Este efecto no solo aplica a contextos académicos, sino a muchas áreas de la vida, incluyendo el trabajo, las relaciones personales y el desarrollo individual. Las expectativas positivas o negativas que los demás tienen sobre nosotros pueden influir en cómo actuamos y en los resultados que obtenemos.

Enseñanzas para la vida diaria
Las expectativas tienen poder: Las expectativas que tenemos sobre los demás pueden influir directamente en cómo se comportan. Si esperamos que una persona fracase o tenga dificultades, es probable que estas expectativas se conviertan en realidad. Por otro lado, si esperamos que alguien tenga éxito, estamos más propensos a ver ese éxito manifestarse.

El impacto de las expectativas en la educación: Los maestros y educadores, en particular, deben ser conscientes del impacto que tienen sus expectativas sobre el rendimiento de los estudiantes. Tratar a todos los estudiantes como capaces y prometedores puede aumentar su motivación y rendimiento, mientras que tener expectativas bajas puede limitar su potencial.

Cómo las expectativas moldean relaciones personales: En nuestras relaciones personales, las expectativas que tenemos sobre nuestros amigos, familiares o pareja pueden influir en la dinámica de la relación. Por ejemplo, si creemos que alguien siempre nos decepcionará, es probable que comencemos a comportarnos de manera que aumenten las probabilidades de que eso ocurra. En cambio, si creemos en el crecimiento y potencial de los demás, podemos influir positivamente en su comportamiento y ayudarles a alcanzar sus metas.

Autoexpectativas: El Efecto Pigmalión también puede aplicarse a uno mismo. Las expectativas que tenemos sobre nuestro propio rendimiento influyen en cómo nos comportamos. Si creemos que no somos capaces de lograr algo, es probable que no pongamos el esfuerzo necesario para lograrlo. Por el contrario, si confiamos en nuestras habilidades y en que podemos mejorar, esa confianza nos llevará a mejores resultados.

Motivación en el entorno laboral: En el ámbito laboral, las expectativas de los supervisores y compañeros de trabajo pueden influir en el desempeño de los empleados. Los líderes que muestran confianza en las capacidades de sus equipos y ofrecen retroalimentación positiva pueden inspirar mejores resultados, mientras que los que subestiman o critican constantemente a sus empleados pueden crear un ambiente de bajo rendimiento.

Efecto Pigmalión inverso: Es importante reconocer que este fenómeno también puede funcionar de manera negativa, lo que se conoce como el Efecto Golem. Este ocurre cuando las bajas expectativas de una persona (como un maestro o un jefe) disminuyen el rendimiento o motivación de alguien. Si creemos que alguien es incapaz, esa creencia puede llevarlo a comportarse de una manera que cumpla con esas expectativas negativas.

La importancia del refuerzo positivo: Si queremos motivar a los demás a mejorar, es fundamental centrarnos en sus fortalezas y potencial, en lugar de resaltar sus debilidades. El refuerzo positivo, cuando es sincero y constructivo, puede crear un ambiente en el que las personas se sientan valoradas y dispuestas a esforzarse más.

Modelar expectativas altas pero realistas: Aunque el Efecto Pigmalión puede ser poderoso, es esencial establecer expectativas altas pero realistas. Si las expectativas son demasiado altas o irreales, pueden tener el efecto contrario y generar frustración. El equilibrio entre la motivación y la realidad es clave para obtener resultados positivos.

Establecer expectativas positivas en los niños: Los padres pueden aplicar este efecto en la crianza de sus hijos. Establecer expectativas positivas (pero alcanzables) para los niños en términos de comportamiento, desempeño académico o desarrollo personal, puede fomentar su confianza y disposición para aprender y crecer.

El lenguaje importa: Las palabras y el lenguaje que usamos para describir a los demás también influyen en sus comportamientos. Decirle a alguien que es capaz y talentoso puede moldear su autoconcepto, mientras que comentarios negativos repetidos pueden erosionar la confianza de una persona.

El Efecto Pigmalión, como lo demostraron Rosenthal y Jacobson, revela el poder de las expectativas en moldear el rendimiento y comportamiento de las personas. Ya sea en la educación, el trabajo o las relaciones personales, nuestras creencias y percepciones sobre los demás pueden influir en su éxito o fracaso. Si cultivamos expectativas positivas y realistas hacia los demás y hacia nosotros mismos, podemos ayudar a desbloquear el potencial y generar cambios positivos en nuestras vidas y en la de los que nos rodean.

7. Desensibilización sistemática para superar miedos

La desensibilización sistemática es una técnica terapéutica utilizada para ayudar a las personas a superar fobias y miedos mediante la exposición gradual a los estímulos que les provocan ansiedad. Uno de los primeros experimentos que utilizó una técnica similar fue realizado por Mary Cover Jones en la década de 1920. A menudo se le considera la "madre de la terapia conductual", y su trabajo fue pionero en el tratamiento de las fobias infantiles.

El experimento de Mary Cover Jones

Mary Cover Jones fue una psicóloga que trabajó en un experimento con un niño llamado Peter, quien tenía un miedo intenso a los conejos. Su objetivo era eliminar el miedo del niño mediante un proceso de exposición controlada, sentando las bases para lo que más tarde se conocería como desensibilización sistemática.

Evaluación del miedo: Peter, un niño pequeño, tenía un miedo extremo a los conejos. Jones observó que cuando Peter veía un conejo, comenzaba a mostrar signos de miedo y evitación.

Exposición gradual: Para ayudar a Peter a superar su miedo, Jones diseñó un plan en el que el conejo se acercaría de manera progresiva mientras Peter estaba en un entorno cómodo y relajante. Peter también recibía su comida favorita, lo cual generaba una experiencia positiva que contrarrestaba su ansiedad.

Al principio, el conejo estaba muy lejos de Peter, fuera de su zona de miedo inmediato, y mientras Peter comía, el animal permanecía en un área visible pero distante.

Gradualmente, con el tiempo y repetidos encuentros, el conejo se iba acercando poco a poco a Peter, sin que el niño entrara en pánico. Cada vez que Peter se sentía más cómodo, el conejo se acercaba un poco más.

Asociación positiva: Durante el proceso, Peter no solo era expuesto al conejo, sino que también se le proporcionaban experiencias agradables (su comida favorita) para que asociara la presencia del conejo con algo positivo en lugar de con el miedo.

Resultado: Después de varias sesiones, Peter se volvió lo suficientemente cómodo como para tocar e interactuar con el conejo, lo que indica que su miedo había sido significativamente reducido. A través de este proceso de exposición gradual y repetitiva, Peter fue desensibilizado al conejo.

El experimento de Mary Cover Jones mostró que la exposición gradual a un objeto temido, junto con la asociación positiva, podía ayudar a reducir o eliminar el miedo. Este enfoque innovador sentó las bases para la terapia conductual y la desensibilización sistemática, un método que ha sido ampliamente utilizado para tratar fobias en la actualidad.

La desensibilización sistemática se basa en la idea de que la ansiedad y el miedo pueden ser eliminados si las personas enfrentan gradualmente sus temores, pero de una manera que les permita mantener el control y reducir la ansiedad de manera progresiva. El objetivo es que la persona asocie la exposición al objeto o situación temida con una respuesta relajada, en lugar de una de pánico o miedo.

Pasos típicos de la desensibilización sistemática

Relajación: El primer paso es enseñar a la persona técnicas de relajación, como la respiración profunda o la relajación muscular progresiva. Esto es crucial, ya que ayuda a reducir la ansiedad general durante el proceso de exposición.

Jerarquía de temores: La persona y el terapeuta crean una lista de situaciones que generan miedo, ordenadas de menor a mayor intensidad. Por ejemplo, si alguien tiene miedo a volar, el primer paso podría ser hablar sobre aviones, luego ver fotos, hasta llegar a subirse a un avión.

Exposición gradual: La persona es expuesta de manera gradual a los objetos o situaciones de la lista, comenzando por aquellos que generan el menor miedo. Mientras se expone a cada situación, la persona utiliza las técnicas de relajación para mantenerse tranquila.

Progreso: A medida que la persona se siente más cómoda con los niveles bajos de ansiedad, se avanza hacia las situaciones que generan más miedo, hasta que finalmente es capaz de enfrentar el mayor temor sin experimentar ansiedad significativa.

Enseñanzas para la vida diaria

Enfrentar los miedos paso a paso: Una de las lecciones más importantes del experimento de Mary Cover Jones es que los miedos se pueden superar de manera progresiva. En lugar de evitar lo que tememos, es más efectivo enfrentar los miedos gradualmente. Dividir un desafío grande en pasos más pequeños hace que sea más manejable y menos abrumador.

La asociación positiva puede transformar el miedo: La técnica que Jones utilizó con Peter, combinando la exposición al objeto temido con estímulos positivos, muestra que se puede reformular la percepción de una experiencia aterradora si se le asocian sentimientos agradables. En la vida cotidiana, esto sugiere que se puede cambiar la forma en que vemos algo aterrador al incorporar experiencias placenteras o relajantes a esa situación.

El poder de la relajación: La desensibilización sistemática subraya la importancia de aprender a relajarse en momentos de ansiedad. Técnicas como la respiración profunda o la relajación muscular pueden ser herramientas útiles para manejar la ansiedad y el estrés. Enfrentar los miedos con una mentalidad más calmada ayuda a reducir la intensidad de la reacción emocional.

Superar la evitación: Muchas personas tienden a evitar las situaciones que les generan miedo, lo cual puede agravar el problema a largo plazo. La enseñanza clave aquí es que la evitación perpetúa el miedo, mientras que enfrentarlo (aunque sea de manera gradual) permite superarlo. Esto es aplicable en muchos aspectos de la vida, desde fobias específicas hasta miedos más generales, como el miedo al fracaso o a hablar en público.

La importancia de la persistencia: El experimento muestra que el cambio no ocurre de la noche a la mañana, pero que, con paciencia y persistencia, los miedos pueden desvanecerse. Este principio es aplicable en muchas áreas de la vida: los problemas pueden parecer insuperables al principio, pero con tiempo y un enfoque constante, se pueden superar.

Reformular el fracaso: Muchas veces, el miedo está ligado a la posibilidad de fracasar. Aprender a ver los fracasos no como algo catastrófico, sino como una parte del proceso de aprendizaje, nos permite avanzar sin que el miedo nos paralice. La desensibilización gradual nos enseña que cada paso, por pequeño que sea, nos acerca más a superar nuestros temores.

Apoyo social y entorno seguro: En el experimento, Peter estaba en un ambiente seguro y rodeado de apoyo mientras enfrentaba su miedo al conejo. Esto destaca la importancia de contar con un entorno de apoyo cuando intentamos superar un desafío personal. Tener amigos, familia o mentores que nos animen y proporcionen seguridad puede hacer una gran diferencia en nuestro proceso de crecimiento.

Manejar la ansiedad en el día a día: Las técnicas de desensibilización no solo se aplican a miedos específicos, sino que también pueden ayudar a las personas a lidiar con la ansiedad diaria. Al enfrentar de manera gradual las situaciones que causan estrés, como hablar en público, entrevistas de trabajo o interacciones sociales difíciles, se puede desarrollar una mayor resiliencia y confianza.

El experimento de Mary Cover Jones con el niño Peter fue un paso crucial en el desarrollo de la terapia conductual y la desensibilización sistemática. A través de la exposición gradual y la asociación positiva, es posible superar miedos profundamente arraigados y fobias. En la vida diaria, esta técnica enseña la importancia de enfrentar los miedos de manera progresiva, mantener la calma en situaciones de estrés, y cultivar persistencia en el proceso de superación personal.

8. El poder del entorno sobre el comportamiento

El Experimento de la Prisión de Stanford, llevado a cabo en 1971 por el psicólogo Philip Zimbardo, es uno de los estudios más famosos sobre cómo el entorno y los roles sociales pueden influir profundamente en el comportamiento humano. A través de este experimento, Zimbardo demostró que incluso personas "normales" pueden comportarse de manera abusiva o sumisa dependiendo de las circunstancias y el entorno en el que se encuentran.

Descripción del experimento

El objetivo del experimento era entender los efectos psicológicos del encarcelamiento, tanto en los prisioneros como en los guardias. Zimbardo quería ver hasta qué punto los roles sociales asignados y el entorno de una prisión influían en el comportamiento de personas ordinarias.

Selección de los participantes: Se seleccionaron 24 voluntarios varones, mental y físicamente sanos, a través de un anuncio en el periódico. Los participantes fueron asignados al azar para interpretar los roles de guardias o prisioneros en una prisión simulada en el sótano del edificio de psicología de la Universidad de Stanford. Todos los participantes sabían que era un experimento y se les pagaba por participar.

Creación del entorno: Se construyó una prisión ficticia en el sótano de la universidad, con celdas para los prisioneros y áreas de control para los guardias. A los prisioneros se les dio uniformes, números de identificación, y fueron arrestados en sus casas por la policía local como parte del proceso de inmersión. Los guardias también recibieron uniformes, gafas de sol reflectantes (para evitar el contacto visual) y porras, dándoles una apariencia de autoridad.

Inicio del experimento: El experimento estaba planeado para durar dos semanas. Sin embargo, comenzó a tomar un giro inesperado casi de inmediato. Los guardias, que tenían autoridad total sobre los prisioneros, comenzaron a abusar de su poder, imponiendo castigos psicológicos y físicos. Por su parte, los prisioneros empezaron a mostrar signos de depresión, ansiedad, sumisión, e incluso algunos comenzaron a tener colapsos emocionales.

Evolución del comportamiento:

Los guardias: Aunque los guardias sabían que estaban participando en un experimento, muchos de ellos empezaron a actuar de manera sádica, humillando y maltratando a los prisioneros. Implementaron reglas arbitrarias, como obligar a los prisioneros a hacer ejercicios físicos excesivos, restringirles el uso del baño, o mantenerlos despiertos por largos períodos.

Los prisioneros: Los prisioneros, por su parte, comenzaron a sentirse realmente atrapados, aunque sabían que podían abandonar el experimento en cualquier momento. Empezaron a aceptar los abusos de los guardias, mostrando sumisión y resignación, con algunos prisioneros incluso desarrollando comportamientos pasivos y depresivos.

Interrupción del experimento: El experimento, que estaba programado para durar 14 días, tuvo que ser interrumpido al sexto día debido a la magnitud del deterioro psicológico tanto de los prisioneros como de los guardias. Uno de los colegas de Zimbardo, junto con su novia, visitaron la prisión simulada y lo convencieron de que el experimento había ido demasiado lejos y debía detenerse.

El Experimento de la Prisión de Stanford mostró hasta qué punto los roles sociales y el entorno pueden influir en el comportamiento humano. Incluso personas consideradas “normales” y psicológicamente estables pueden actuar de manera cruel o sumisa cuando se les asignan ciertos roles y se les coloca en un entorno de autoridad y subordinación. Zimbardo concluyó que el comportamiento humano es altamente influenciado por el contexto social y las expectativas asociadas a los roles que las personas adoptan.

Enseñanzas para la vida diaria

El poder del entorno: Este experimento demuestra que el entorno tiene un enorme impacto en el comportamiento de las personas. Incluso si somos conscientes de lo que es correcto o incorrecto, nuestro comportamiento puede cambiar drásticamente en un entorno que promueve o permite comportamientos abusivos. Esto subraya la importancia de los entornos saludables, ya sea en el trabajo, la escuela o en relaciones personales. Para evitar comportamientos destructivos, es vital crear entornos que promuevan el respeto y la ética.

<u>La deshumanización:</u> El experimento mostró cómo los guardias comenzaron a deshumanizar a los prisioneros, viéndolos más como "objetos" que como seres humanos. Este es un fenómeno que puede ocurrir en la vida real, especialmente en situaciones de

poder desequilibrado, como en instituciones militares, empresas, prisiones o situaciones de abuso. Es importante recordar que, independientemente del rol o la posición, todos somos seres humanos, y la deshumanización puede llevar a comportamientos dañinos y abusivos.

El peligro de la autoridad sin control: El experimento pone de relieve el peligro de dar a las personas demasiado poder sin supervisión ni control. En la vida cotidiana, esto se puede observar en muchos sistemas jerárquicos, como el entorno laboral, donde los jefes o líderes pueden abusar de su poder si no existen mecanismos de supervisión. La responsabilidad y la supervisión son esenciales para evitar que el poder se use de manera destructiva.

La influencia de los roles sociales: Los roles sociales tienen una fuerte influencia sobre cómo actuamos. A veces, las expectativas asociadas con un rol pueden llevarnos a comportarnos de manera que nunca hubiéramos imaginado fuera de ese rol. Por ejemplo, una persona que adopta el rol de "jefe" puede comenzar a actuar de manera más autoritaria o incluso abusiva, a pesar de que en su vida personal sea amable. Es fundamental ser consciente de cómo los roles pueden influir en nuestras acciones y asegurarse de que no justifiquemos comportamientos inadecuados por el simple hecho de ocupar una posición de poder.

El conformismo y la presión social: El comportamiento de los prisioneros mostró cómo las personas pueden aceptar situaciones abusivas o humillantes bajo presión social o cuando sienten que no tienen control. Este conformismo ante la autoridad puede explicar por qué, en la vida cotidiana, a veces las personas no denuncian abusos o injusticias. Es importante reconocer cuándo estamos siendo conformistas de manera negativa y encontrar el coraje para oponernos a situaciones que son incorrectas.

La capacidad de actuar en contra de nuestros valores: El experimento mostró que, en las circunstancias adecuadas, personas que normalmente se comportarían de manera ética pueden actuar en contra de sus propios valores. Esto es aplicable en la vida cotidiana en situaciones de presión, en las que podemos ser influenciados para actuar de manera que no refleje nuestros principios. Ser conscientes de este hecho nos puede ayudar a resistir la presión de actuar de maneras que sabemos que son incorrectas.

La importancia de la reflexión y la intervención externa: Zimbardo, que actuaba como director de la prisión, se involucró tanto en el experimento que no se dio cuenta del daño psicológico que se estaba produciendo hasta que un observador externo se lo señaló. Esto enseña que, en la vida diaria, la reflexión crítica y el aporte externo son esenciales para evitar caer en dinámicas dañinas. Tener personas fuera del sistema que puedan observar y evaluar objetivamente una situación puede prevenir abusos.

La naturaleza frágil de la moralidad: El estudio revela cuán frágil puede ser la moralidad humana en ciertas condiciones. A menudo creemos que nuestros principios son firmes, pero este experimento sugiere que el entorno y las circunstancias pueden influir fuertemente en nuestras decisiones. Por lo tanto, es esencial mantener la autoconciencia y cuestionar constantemente nuestras acciones y el entorno en el que estamos.

La responsabilidad personal: El experimento de Zimbardo ilustra la tendencia humana a justificar comportamientos inadecuados por el hecho de estar "siguiendo órdenes" o cumpliendo un rol. Sin embargo, una enseñanza clave es que cada persona es responsable de sus acciones, independientemente del contexto en el que se encuentre. En la vida diaria, debemos ser conscientes de nuestra capacidad para influir en los demás y nuestras responsabilidades morales.

Los sistemas y estructuras importan tanto como las personas: Este experimento también destaca que no son solo las personas individuales las que determinan el comportamiento, sino los sistemas y estructuras en los que operan. Un sistema mal diseñado, como una prisión abusiva o un entorno laboral tóxico, puede fomentar comportamientos negativos. Por lo tanto, para mejorar el comportamiento humano, no solo debemos centrarnos en las personas, sino también en mejorar los sistemas en los que operan.

El Experimento de la Prisión de Stanford es un ejemplo dramático de cómo el entorno y los roles sociales pueden moldear el comportamiento humano de maneras que no siempre son positivas. Este estudio nos enseña a ser conscientes de cómo el poder, el contexto social y la autoridad pueden influir en nuestras acciones, y subraya la importancia de la autoconciencia, la supervisión y la creación de entornos éticos y justos.

9. La importancia de la autopercepción

La Teoría de la Autopercepción, propuesta por el psicólogo social Daryl Bem en la década de 1970, sugiere que las personas infieren sus propias actitudes, emociones y motivaciones observando su propio comportamiento, de manera similar a cómo observan a los demás para entenderlos. En lugar de depender de introspecciones profundas, la autopercepción se basa en el análisis de nuestras propias acciones y las circunstancias en las que ocurren. Esta teoría es particularmente útil para explicar cómo formamos actitudes sobre temas ambiguos o poco claros, y cómo llegamos a conocernos a nosotros mismos a través de la observación de lo que hacemos.

El Experimento de Daryl Bem

Bem desarrolló una serie de estudios para demostrar cómo las personas desarrollan actitudes basadas en la observación de su propio comportamiento. Uno de los experimentos clave fue similar al experimento clásico de Leon Festinger sobre la disonancia cognitiva, pero con una interpretación diferente.

Participantes: Los participantes en el estudio realizaban una tarea aburrida y repetitiva, similar a la del estudio de Festinger (donde los sujetos giraban perillas durante una hora). Después de completar la tarea, algunos participantes recibían una pequeña recompensa monetaria, mientras que otros recibían una recompensa más grande para mentir a un participante ficticio y decirle que la tarea era divertida.

Condiciones experimentales:

Un grupo rccibió $1 para mentir sobre la tarea, lo que representaba una recompensa baja.

Otro grupo recibió $20, lo que representaba una recompensa mucho más alta.

Observación del comportamiento: Bem argumentaba que los sujetos que recibieron una pequeña cantidad de dinero (solo $1) llegaron a convencerse a sí mismos de que realmente disfrutaron la tarea porque no tenían una justificación externa suficiente (es decir, el pago bajo) para mentir. En cambio, el grupo que recibió $20 tenía una clara justificación externa para mentir, por lo que no necesitaron cambiar su percepción interna de la tarea aburrida.

Autopercepción: Según Bem, los participantes que recibieron solo $1 observaron su comportamiento (mentir por una pequeña cantidad de dinero) y, para justificar su acción, concluyeron que debían haber disfrutado la tarea. Esto es un ejemplo de autopercepción: las personas observan sus propias acciones y las circunstancias y deducen cuáles deben ser sus verdaderos sentimientos o actitudes.

El experimento mostró que las personas, en lugar de introspeccionar para descubrir lo que sienten, pueden simplemente observar lo que hacen y luego deducir cuáles deben ser sus actitudes. En este caso, los que recibieron solo $1 dedujeron que, si mentían por tan poco dinero, probablemente debían haber disfrutado la tarea.

Teoría de la Autopercepción vs. Teoría de la Disonancia Cognitiva
Aunque la Teoría de la Disonancia Cognitiva de Festinger argumenta que las personas cambian sus actitudes para reducir la incomodidad interna (disonancia) entre sus acciones y sus creencias, Bem propuso una alternativa: no es necesario que las personas experimenten disonancia, sino que simplemente observen su propio comportamiento para deducir cuáles son sus actitudes. Según Bem, las personas pueden no tener acceso directo a sus emociones o actitudes internas, y en lugar de introspeccionar, simplemente analizan sus acciones.

Enseñanzas para la vida diaria
El comportamiento influye en nuestras creencias: La teoría de la autopercepción nos enseña que nuestras acciones pueden influir en nuestras actitudes y creencias más de lo que imaginamos. Por ejemplo, si comenzamos a actuar de manera positiva hacia algo (como ejercitarnos regularmente), es probable que, con el tiempo, empecemos a creer que realmente disfrutamos esa actividad. En la vida diaria, esto sugiere que comportarnos de manera proactiva o positiva puede cambiar nuestras actitudes internas, incluso si no lo sentimos inicialmente.

Finge hasta que lo sientas: Una lección clave es la frase "finge hasta que lo sientas". Si adoptamos comportamientos que están alineados con lo que queremos sentir (por ejemplo, ser amables con los demás o tener confianza en situaciones sociales), nuestras emociones internas pueden alinearse con esos comportamientos. En lugar de esperar a sentirnos de cierta manera antes de actuar, podemos actuar primero y dejar que nuestras actitudes sigan a nuestras acciones.

Las recompensas externas pueden interferir con el disfrute interno: El experimento de Bem también nos enseña que cuando nuestras acciones están motivadas principalmente por recompensas externas (como dinero, elogios o reconocimiento), es menos probable que desarrollemos una motivación interna. En cambio, cuando las recompensas externas son mínimas, tendemos a justificar nuestras acciones de manera interna, lo que puede aumentar nuestro sentido de disfrute o compromiso hacia la actividad. En la vida diaria, esto significa que debemos evitar depender en exceso de recompensas externas si queremos cultivar motivaciones internas más fuertes.

Conócete a ti mismo a través de tus acciones: La teoría de la autopercepción sugiere que podemos aprender más sobre nosotros mismos observando nuestro comportamiento. Si no estamos seguros de cómo nos sentimos acerca de algo (como una relación o un trabajo), podemos observar cómo actuamos en esas situaciones y sacar conclusiones a partir de nuestro propio comportamiento. Esto puede ser útil cuando no tenemos claridad emocional, ya que nuestras acciones pueden revelarnos lo que realmente pensamos o sentimos.

Cómo manejar el cambio de actitudes: Si queremos cambiar una actitud negativa, una buena estrategia puede ser comenzar con pequeños cambios de comportamiento que reflejen la actitud que deseamos tener. Por ejemplo, si queremos ser más abiertos a nuevas experiencias, podríamos empezar por probar actividades que normalmente evitaríamos. Según la teoría de la autopercepción, nuestra mente deducirá, a partir de nuestras acciones, que debemos estar más abiertos de lo que pensábamos.

Las justificaciones externas pueden ser contraproducentes: Si ofrecemos a las personas justificaciones externas excesivas (como grandes recompensas o castigos) para hacer algo, es menos probable que desarrollen una actitud interna positiva hacia esa actividad. Esto se aplica en la crianza, la educación y el trabajo: en lugar de recompensar en exceso a los niños o empleados por sus acciones, es mejor fomentar la motivación interna para que desarrollen actitudes positivas por sí mismos.

La importancia de la consistencia entre el comportamiento y las actitudes: A menudo, nuestras acciones influyen en cómo nos percibimos a nosotros mismos. Si somos consistentes en realizar ciertas conductas, es probable que comencemos a creer que esas acciones reflejan quiénes somos realmente. Esto subraya la importancia de alinear nuestro comportamiento con las actitudes que queremos cultivar en nosotros mismos.

La plasticidad de nuestras creencias: La teoría de la autopercepción también muestra que nuestras creencias no son fijas; pueden cambiar en función de cómo actuamos. Si bien a veces pensamos que debemos tener una cierta actitud o creencia para actuar de cierta manera, la realidad es que podemos modificar nuestras actitudes mediante el cambio de nuestro comportamiento. En la vida diaria, esto es útil para superar creencias limitantes o actitudes negativas hacia nosotros mismos o los demás.

El impacto de las pequeñas acciones: No necesitamos realizar grandes cambios para influir en nuestras creencias y actitudes. Las pequeñas acciones que tomamos en nuestro día a día, como sonreír más o ser más generosos, pueden tener un efecto acumulativo en nuestra percepción de nosotros mismos. Esto destaca la importancia de prestar atención a los pequeños comportamientos y cómo influyen en nuestra autopercepción.

Cómo mejorar la autoconfianza: Si nos sentimos inseguros o carecemos de confianza en determinadas áreas, una forma efectiva de aumentar la confianza es comenzar a actuar con confianza, incluso si no nos sentimos así al principio. La teoría de la autopercepción sugiere que, al comportarnos de manera confiada, eventualmente llegaremos a vernos a nosotros mismos como personas más seguras de lo que inicialmente creíamos.

La Teoría de la Autopercepción de Daryl Bem ofrece una perspectiva valiosa sobre cómo nuestras acciones influyen en nuestras creencias y actitudes. En lugar de depender exclusivamente de la introspección para entendernos a nosotros mismos, a menudo podemos aprender más observando nuestro comportamiento. Esta teoría nos enseña que nuestras actitudes y creencias no son estáticas, sino que pueden cambiar en función de nuestras acciones. En la vida diaria, esta teoría sugiere que, si queremos cambiar nuestra actitud hacia algo, es útil comenzar cambiando nuestro comportamiento, y que actuar como si ya tuviéramos la actitud deseada puede llevarnos a desarrollar esa actitud internamente.

10. El efecto placebo

El efecto placebo es un fenómeno psicológico y fisiológico en el que una persona experimenta una mejoría en su salud o bienestar después de recibir un tratamiento inactivo o falso (el "placebo"), simplemente porque cree que está recibiendo una intervención efectiva. Este efecto ha sido objeto de numerosos estudios en psicología y medicina, ya que ilustra el poder de la mente para influir en la percepción del dolor, la enfermedad y la curación.

Experimentos sobre el efecto placebo
Uno de los experimentos más famosos que estudió el efecto placebo se realizó en el campo de la medicina. En muchos estudios clínicos, los investigadores comparan un tratamiento real con un placebo para determinar la efectividad del tratamiento en cuestión. A continuación, se describe un experimento típico relacionado con el efecto placebo.

Participantes: Un grupo de pacientes que sufrían de una condición médica, como dolor crónico, insomnio o depresión, fue seleccionado para el estudio. Estos pacientes no sabían si recibirían el tratamiento real o un placebo.

Condiciones experimentales:

Un grupo de participantes recibió un medicamento real para tratar su condición (como un analgésico, antidepresivo, etc.).
Otro grupo recibió una píldora de placebo, que no contenía ningún ingrediente activo pero que se les dijo que era un tratamiento efectivo.

Procedimiento: Ninguno de los participantes sabía si estaba recibiendo el medicamento real o el placebo (un diseño doble ciego). Además, los participantes fueron informados sobre los posibles efectos positivos del "medicamento" que recibirían, lo que creó expectativas de mejoría en ambos grupos.

Resultados: Sorprendentemente, en muchos estudios de este tipo, una proporción significativa de las personas que recibieron el placebo reportó mejoras en su condición, a menudo casi en el mismo grado que aquellos que tomaron el medicamento real. Los participantes informaron menos dolor, mejor estado de ánimo y otros síntomas reducidos, a pesar de que el placebo no contenía ningún ingrediente activo.

El efecto placebo no es solo psicológico; puede desencadenar respuestas fisiológicas reales en el cuerpo. Los investigadores han encontrado que cuando las personas creen que están recibiendo un tratamiento efectivo, sus cerebros liberan sustancias químicas como endorfinas y dopamina, que pueden aliviar el dolor y mejorar el bienestar. Además, el sistema inmunológico y otros sistemas corporales pueden reaccionar positivamente debido a la expectativa de curación.

Uno de los estudios más significativos sobre el efecto placebo fue el de Henry Beecher, un médico que durante la Segunda Guerra Mundial observó que los soldados heridos experimentaban alivio del dolor incluso cuando les administraba una solución salina en lugar de morfina, debido a la creencia de que estaban recibiendo un analgésico potente. Este hallazgo llevó a un mayor interés en investigar el papel del placebo en la medicina.

Enseñanzas para la vida diaria

El poder de las expectativas: El efecto placebo nos enseña que nuestras expectativas tienen un impacto profundo en cómo nos sentimos. Si creemos que algo nos ayudará o nos hará sentir mejor, nuestro cerebro puede activar mecanismos de curación que mejoran nuestro bienestar. En la vida diaria, esto nos recuerda que nuestras actitudes mentales y expectativas pueden influir en nuestro éxito, felicidad y salud. La mentalidad positiva y la creencia en el éxito o la recuperación pueden ayudarnos a obtener mejores resultados en muchos aspectos de la vida.

La conexión mente-cuerpo: El efecto placebo demuestra la profunda conexión entre la mente y el cuerpo. Las creencias positivas pueden desencadenar respuestas fisiológicas que conducen a una mejoría real. Esto es útil para recordar que el estado emocional puede tener un impacto en la salud física. Mantener una actitud optimista o utilizar estrategias como la meditación o la relajación para reducir el estrés puede tener efectos beneficiosos para la salud.

El autocuidado puede ser poderoso: El simple acto de cuidarse a uno mismo (por ejemplo, tomar un suplemento, hacer ejercicio o seguir una rutina de salud) puede generar beneficios porque crea la expectativa de bienestar. Incluso si el tratamiento en sí no es milagroso, el acto de enfocarse en la propia salud y bienestar puede generar un cambio positivo, tanto psicológica como físicamente. Esto subraya la importancia de creer en los esfuerzos que hacemos por nuestro bienestar.

Confianza en los tratamientos: Una de las lecciones importantes del efecto placebo es que los pacientes que confían en su tratamiento tienden a mostrar mejores resultados. Esto también es aplicable a otras áreas de la vida: si confiamos en los procesos que seguimos para mejorar en cualquier ámbito (trabajo, relaciones, habilidades), es más probable que obtengamos resultados positivos. La creencia en el proceso o en el camino que estamos tomando puede potenciar los beneficios reales.

Cuidado con el exceso de medicación o tratamientos: El efecto placebo también nos enseña que muchas veces, los tratamientos costosos o agresivos no son necesarios si las personas tienen una expectativa positiva de mejoría. Esto puede aplicarse en la vida diaria recordando que muchas veces no necesitamos soluciones drásticas o costosas para resolver un problema; una mentalidad positiva y las soluciones simples pueden ser suficientes.

El valor de las palabras y el entorno: Parte del éxito del efecto placebo se debe a cómo los médicos presentan los tratamientos. Las palabras de aliento, la seguridad y la confianza transmitidas por un profesional influyen en la expectativa de mejoría del paciente. Esto puede aplicarse a la vida diaria en la forma en que hablamos con los demás y cómo creamos un entorno positivo. Las palabras de aliento y las expectativas optimistas pueden tener un impacto significativo en la confianza y el desempeño de quienes nos rodean.

Autoeficacia y creencias personales: El efecto placebo también refuerza la idea de autoeficacia, o la creencia en nuestra capacidad para manejar situaciones y superar desafíos. Si creemos que podemos mejorar, ya sea en nuestra salud o en otras áreas de la vida, estamos más inclinados a tomar acciones que refuercen esa creencia. Esto nos enseña que cultivar una mentalidad de crecimiento y confianza en nuestras habilidades es clave para el éxito y el bienestar.

La importancia del apoyo social: Los estudios sobre el efecto placebo también muestran que los entornos de apoyo y la empatía influyen en la efectividad del placebo. En la vida diaria, esto destaca la importancia de rodearnos de personas que nos apoyen emocionalmente y que refuercen nuestras creencias positivas. El entorno y el apoyo social tienen un impacto directo en cómo nos sentimos y en nuestra capacidad para superar dificultades.

El efecto placebo nos ofrece una poderosa lección sobre el papel de la mente en la curación y el bienestar. A través de las expectativas positivas, la conexión mente-cuerpo y el entorno de apoyo, las personas pueden experimentar mejoras reales en su salud sin necesidad de tratamientos activos. Las lecciones del efecto placebo son aplicables no solo en la medicina, sino en la vida diaria, destacando la importancia de nuestras creencias, actitudes y el entorno en el que nos desarrollamos. En resumen, la mente tiene un poder notable para influir en nuestra realidad, y aprender a aprovechar ese poder puede mejorar tanto nuestra salud como nuestro bienestar en general.

11. Efecto de priming

El efecto de priming es un fenómeno psicológico que se refiere a la forma en que la exposición a un estímulo (palabra, imagen, sonido, etc.) puede influir en la respuesta de una persona a un estímulo posterior, sin que esta influencia sea consciente. Este concepto se basa en la idea de que nuestras mentes están interconectadas y que la información reciente puede afectar nuestro pensamiento y comportamiento de maneras sutiles.

El experimento de Priming de Bargh et al. (1996)
Uno de los experimentos más conocidos que demostró el efecto de priming fue realizado por John Bargh y sus colegas en 1996. En este estudio, se investigó cómo la exposición a palabras relacionadas con la ancianidad podría influir en el comportamiento de los participantes.

Participantes: Los investigadores reclutaron estudiantes universitarios para participar en un experimento sobre "el lenguaje y la personalidad".

Priming: A los participantes se les dio una serie de palabras para que formaran oraciones. Había dos grupos:

Grupo 1 (Priming de ancianidad): Recibió palabras relacionadas con la vejez (por ejemplo, "sabio", "abuelita", "canoso", "reclinar").

Grupo 2 (Grupo control): Recibió palabras neutras que no estaban relacionadas con la vejez (por ejemplo, "mesa", "pájaro", "cuchara", "cielo").

Medición del comportamiento: Después de completar la tarea de formación de oraciones, los participantes debían caminar desde el laboratorio hasta el ascensor. Se midió el tiempo que tardaban en llegar al ascensor. Los investigadores esperaban que los participantes que habían estado expuestos al priming de ancianidad se movieran más lentamente, en comparación con los que no habían recibido el priming.

Resultados: Los resultados mostraron que los participantes que habían sido expuestos a palabras relacionadas con la ancianidad efectivamente caminaron más lentamente hacia el ascensor en comparación con aquellos que no recibieron ese priming. Esto demostró que el simple hecho de pensar en la vejez afectó su comportamiento de manera inconsciente.

Enseñanzas para la vida diaria

Influencia de los estímulos en nuestro comportamiento: El efecto de priming nos enseña que nuestras acciones y decisiones pueden ser influenciadas por estímulos que no estamos conscientes de haber recibido. Por lo tanto, es importante ser conscientes de nuestro entorno y los mensajes a los que estamos expuestos, ya que pueden impactar nuestras percepciones y comportamientos sin que lo sepamos.

Creación de un ambiente positivo: Dado que el priming puede influir en nuestras emociones y comportamientos, crear un entorno positivo y motivador puede ayudarnos a tener un mejor estado de ánimo y ser más productivos. Por ejemplo, rodearse de imágenes, palabras o música que evocan sentimientos de felicidad y éxito puede mejorar nuestra mentalidad y desempeño.

La importancia del lenguaje: Las palabras que usamos y a las que estamos expuestos pueden tener un impacto significativo en nuestro comportamiento y mentalidad. Usar un lenguaje positivo y motivador, tanto en nuestra comunicación interna como en nuestras interacciones con los demás, puede fomentar una mentalidad más saludable y positiva. Esto es aplicable en entornos laborales, educativos y personales.

Efectos en la toma de decisiones: El priming puede afectar nuestras decisiones de compra y las elecciones que hacemos. Por ejemplo, los anuncios publicitarios suelen utilizar el priming para influir en nuestras preferencias, ya sea a través de imágenes positivas o palabras clave. Ser conscientes de esta técnica nos permite tomar decisiones más informadas y menos influenciadas por estímulos externos.

Influencia en el comportamiento social: En situaciones sociales, las expectativas y el contexto en el que interactuamos con los demás pueden influir en cómo percibimos y tratamos a las personas. Por ejemplo, si estamos en un entorno que valora la amabilidad y el respeto, es probable que nos comportemos de manera más amable. Fomentar un entorno social positivo puede mejorar nuestras interacciones y relaciones con los demás.

Técnicas de estudio y aprendizaje: El efecto de priming también puede aplicarse en el ámbito educativo. Por ejemplo, los educadores pueden utilizar técnicas de priming para ayudar a los estudiantes a recordar información relacionada con un tema, presentando palabras clave o conceptos antes de la lección. Esto puede facilitar el aprendizaje y la retención de información.

Autocuidado y mentalidad: Podemos utilizar el priming en nuestra vida cotidiana para fomentar hábitos saludables y una mentalidad positiva. Por ejemplo, al practicar afirmaciones positivas o visualizar resultados exitosos, podemos influir en nuestra mentalidad y motivación para alcanzar nuestras metas.

Ser proactivos en la influencia externa: Ser conscientes del efecto de priming nos permite ser proactivos en cómo nos exponemos a estímulos. Esto incluye elegir cuidadosamente los medios que consumimos, la música que escuchamos y las conversaciones en las que participamos. Al seleccionar información positiva y edificante, podemos mejorar nuestro bienestar general.

El efecto de priming revela cómo nuestros pensamientos y comportamientos pueden ser influenciados por estímulos externos de manera sutil e inconsciente. Este fenómeno tiene importantes implicaciones en nuestra vida diaria, desde cómo nos comportamos y tomamos decisiones hasta cómo podemos crear un entorno que fomente el bienestar y el crecimiento personal. Al ser conscientes del priming y sus efectos, podemos diseñar nuestro entorno y nuestras interacciones de manera que favorezcan una mentalidad positiva y productiva.

12. El efecto de anclaje

El efecto de anclaje es un sesgo cognitivo identificado por los psicólogos Daniel Kahneman y Amos Tversky en el que las personas dependen en exceso de la primera información que reciben (el "ancla") al tomar decisiones. Esta primera cifra o dato influye en sus decisiones posteriores, aunque la información adicional que reciben debería llevarlos a reconsiderar su juicio. El anclaje es un proceso automático que ocurre en nuestras mentes y afecta nuestra capacidad de razonamiento y juicio.

El experimento de Kahneman y Tversky
Kahneman y Tversky realizaron una serie de experimentos que demostraron cómo el anclaje puede influir en las decisiones, incluso cuando las personas saben que el ancla inicial es irrelevante.

Participantes: A los participantes se les pidió que estimaran respuestas numéricas a preguntas de conocimiento general. Por ejemplo, en uno de los experimentos se les preguntó cuál era el porcentaje de países africanos en las Naciones Unidas.

El proceso del anclaje:

Antes de responder, los participantes vieron un número generado al azar girando una rueda (que en realidad estaba manipulada para detenerse en el número 10 o el 65).

Después de ver el número, se les pidió que respondieran si creían que el porcentaje de países africanos en la ONU era mayor o menor que el número presentado por la rueda.

Luego se les pidió que dieran una estimación numérica del porcentaje real.

Resultados: A pesar de que el número de la rueda era totalmente irrelevante para la pregunta, los participantes que habían visto el número 10 dieron estimaciones significativamente más bajas que aquellos que vieron el número 65. Esto mostró que el número inicial (ancla) influía en las respuestas posteriores, incluso cuando sabían que el número no tenía relación con la pregunta.

Enseñanzas para la vida diaria

El primer dato importa más de lo que creemos: El efecto de anclaje nos enseña que el primer número o información que recibimos tiende a tener un impacto desproporcionado en nuestras decisiones. Esto se aplica en áreas como las negociaciones salariales, donde la oferta inicial puede anclar el resto de la discusión, o en la fijación de precios en ventas, donde el primer precio visto establece una referencia mental. En la vida diaria, es importante ser conscientes de que el primer dato que recibimos puede no ser el más preciso, y debemos hacer un esfuerzo por evaluar la situación de manera objetiva.

Negociación y compras: El anclaje es particularmente relevante en las negociaciones. Si una parte establece un precio o una cifra inicial, esa cifra puede influir en las expectativas de ambas partes. Por ejemplo, si estamos comprando una casa y el precio inicial es muy alto, es probable que cualquier oferta posterior parezca razonable en comparación, aunque siga siendo alta. En negociaciones salariales, la primera oferta puede establecer un ancla que influya en la percepción de lo que es un salario justo. Para evitar esto, es útil llegar a las negociaciones con investigación previa y un rango claro de lo que consideramos razonable, en lugar de dejarnos influir por la primera cifra.

Toma de decisiones financieras: El efecto de anclaje también puede influir en decisiones de inversión o compras importantes. Los inversionistas pueden verse influenciados por el precio de compra inicial de una acción y tomar decisiones basadas en esa referencia en lugar de evaluar objetivamente el valor actual de la acción. Para contrarrestar este sesgo, es importante analizar los hechos independientemente del precio inicial y tomar decisiones basadas en la información actual, no en anclas anteriores.

Marketing y publicidad: El anclaje es una estrategia común en el marketing. Los anunciantes suelen mostrar un precio más alto inicialmente antes de ofrecer un descuento, haciendo que el precio final parezca más atractivo en comparación. Por ejemplo, si un producto tiene un precio original de $100 pero se ofrece por $70, las personas perciben el precio como una buena oferta debido al anclaje del precio original más alto. En la vida diaria, debemos ser conscientes de estas tácticas de anclaje en la publicidad y asegurarnos de evaluar el valor real de un producto o servicio sin dejarnos llevar por los descuentos aparentes.

Cómo tomar decisiones más objetivas: Para evitar caer en el sesgo del anclaje, es útil retrasar el juicio inicial y buscar más información antes de tomar decisiones importantes. También es importante revisar las cifras o datos desde diferentes ángulos, preguntándonos si la primera información que recibimos realmente es relevante o simplemente está influyendo en nuestra percepción. Por ejemplo, si estamos comparando precios para un producto, deberíamos buscar varias opciones en lugar de depender únicamente del primer precio que veamos.

Impacto en la vida cotidiana: En nuestras interacciones diarias, el anclaje puede influir en cómo evaluamos el valor de objetos, servicios o incluso personas. Las primeras impresiones o la información inicial que recibimos pueden influir en cómo juzgamos a los demás. En lugar de dejarnos llevar por las primeras impresiones, debemos revisar las situaciones con una mente abierta y evitar conclusiones precipitadas.

Elecciones y decisiones de vida: El anclaje puede influir en decisiones de vida importantes, como elegir una carrera o una pareja. La primera información que recibimos sobre una opción puede anclarnos a esa elección, haciéndonos menos abiertos a otras posibilidades. Para evitar este sesgo, es importante considerar múltiples opciones y evaluar cada una con un enfoque equilibrado.

Evaluar inversiones emocionales: En la vida emocional, el anclaje también puede influir en cómo valoramos nuestras relaciones. Por ejemplo, si una relación comienza con mucha emoción o promesas, es posible que anclemos nuestras expectativas en esa fase inicial, aunque las cosas cambien con el tiempo. Ser consciente de esto puede ayudarnos a ajustar nuestras expectativas de manera más realista y evitar apegarnos a las primeras impresiones.

El efecto de anclaje de Kahneman y Tversky demuestra cómo nuestras decisiones están influenciadas por la primera información que recibimos, incluso cuando esa información es irrelevante. En la vida diaria, este sesgo puede afectar nuestras decisiones en áreas como la negociación, las compras, las relaciones y las finanzas. Ser conscientes del anclaje nos permite tomar decisiones más objetivas y evitar que los primeros datos o impresiones influyan de manera desproporcionada en nuestras elecciones. Para minimizar el impacto del anclaje, es crucial evaluar la información desde múltiples perspectivas y cuestionar la validez del "ancla" inicial.

13. Efecto de la difusión de la responsabilidad

El efecto de la difusión de la responsabilidad o efecto espectador es un fenómeno psicológico en el que las personas son menos propensas a ayudar a una víctima cuando hay otros presentes. Este comportamiento fue identificado después del famoso caso de Kitty Genovese, en el que una joven fue asesinada en Nueva York mientras muchos testigos presenciaban el ataque, pero pocos hicieron algo para intervenir. El efecto se basa en la idea de que, en situaciones de emergencia, la responsabilidad de actuar se difunde entre los presentes, lo que lleva a la inacción.

El caso de Kitty Genovese
En 1964, Kitty Genovese fue brutalmente asesinada en un vecindario de Nueva York. Aunque los informes iniciales indicaban que hasta 38 personas escucharon o vieron partes del ataque, ninguno intervino ni llamó a la policía hasta que ya era demasiado tarde. Este caso conmocionó a la opinión pública y llevó a estudios sobre el comportamiento humano en situaciones de emergencia, lo que culminó en la identificación del efecto espectador.

El experimento de Darley y Latané sobre el efecto espectador
Tras el caso de Kitty Genovese, los psicólogos John Darley y Bibb Latané realizaron una serie de experimentos para estudiar cómo la presencia de otras personas afecta la disposición de alguien a ayudar en una situación de emergencia. Su objetivo era comprender por qué tantas personas fallan en intervenir cuando hay otros presentes.

Participantes: Los participantes eran estudiantes universitarios que creían estar participando en un experimento sobre la vida universitaria. Se les pedía que hablaran sobre sus problemas personales a través de intercomunicadores, pero no veían a los demás participantes (que en realidad no existían, excepto en el grupo experimental).

Escenario de emergencia:

Durante la conversación, un supuesto compañero (en realidad una grabación) simulaba sufrir una convulsión epiléptica, solicitando ayuda desesperadamente.

Los participantes creían que eran los únicos testigos, o que estaban acompañados por un pequeño o gran grupo de personas.

Resultados: Darley y Latané descubrieron que los participantes que pensaban que estaban solos eran mucho más propensos a intervenir rápidamente y buscar ayuda. Sin embargo, a medida que crecía el número de supuestos espectadores, la probabilidad de que un participante actuara disminuía drásticamente. Cuando creían que había otros presentes, muchos asumían que alguien más tomaría la responsabilidad, y, por tanto, no tomaban acción.

Cuando los participantes creían que estaban solos, aproximadamente el 85% actuó rápidamente.
Cuando había una supuesta audiencia de cinco personas, solo el 31% intervino.

El efecto de difusión de la responsabilidad se produce porque, cuando estamos en grupo, cada individuo asume que alguien más se encargará de la situación. Cuanto más grande es el grupo, menos probable es que alguien intervenga, ya que la responsabilidad percibida se diluye entre los presentes.

Hay varios factores que contribuyen al efecto:

Ambigüedad: Si la situación no es claramente una emergencia, las personas pueden esperar señales de los demás para saber si es necesario actuar. Este fenómeno se llama "influencia social", donde las personas observan el comportamiento de los demás para determinar cómo deben comportarse.

Responsabilidad compartida: En un grupo, cada persona puede sentir menos responsabilidad directa para actuar, ya que piensan que otra persona lo hará.

Miedo a cometer errores: A veces, las personas tienen miedo de intervenir en una situación ambigua por temor a equivocarse o a quedar en ridículo.

Enseñanzas para la vida diaria

Reconocer el efecto espectador: Comprender el efecto espectador nos permite ser más conscientes de su influencia. Al saber que tendemos a no actuar en presencia de otros, podemos estar más atentos y conscientes cuando veamos una situación que requiera ayuda. La próxima vez que veamos una emergencia, debemos recordar que no podemos suponer que alguien más tomará acción.

Asumir responsabilidad personal: Una de las principales enseñanzas del efecto espectador es que debemos asumir responsabilidad en situaciones de emergencia, independientemente de cuántas personas haya alrededor. A menudo, un simple gesto como llamar a la policía, alertar a alguien o preguntar si todo está bien puede marcar la diferencia. Si cada uno asume que es su responsabilidad actuar, más personas recibirán la ayuda que necesitan.

El poder de dar ejemplo: Si una persona actúa en una emergencia, es probable que los demás la sigan. El comportamiento altruista puede ser contagioso. Ser el primero en ayudar puede animar a otros a intervenir también. En la vida diaria, ser el primero en tomar la iniciativa o liderar con el ejemplo puede influir positivamente en las personas que nos rodean.

Aplicaciones en la vida diaria y el trabajo: El efecto espectador también puede manifestarse en situaciones cotidianas, como en el lugar de trabajo. Si hay un problema o un desafío que nadie aborda, es posible que todos asuman que "no es su responsabilidad". En lugar de esperar que los demás tomen la iniciativa, tomar acción proactiva puede resolver problemas más rápidamente y mejorar el ambiente en el que nos movemos.

Superar la apatía social: En una sociedad donde la gente puede sentirse desconectada o indiferente hacia los demás, el efecto espectador puede agravarse. Sin embargo, ser más conscientes de los demás y de nuestras responsabilidades hacia ellos puede ayudar a contrarrestar este efecto. Pequeños actos de bondad, como ayudar a alguien que parece perdido o cansado, pueden romper el ciclo de apatía y hacer que la comunidad sea más fuerte.

Desarrollar empatía y compasión activa: Para combatir el efecto espectador, es importante desarrollar la empatía activa, que implica no solo reconocer la necesidad de los demás, sino también actuar en consecuencia. Esta habilidad puede mejorar nuestras relaciones interpersonales y fomentar un sentido de comunidad y solidaridad. Al practicar la compasión activa, podemos estar más dispuestos a intervenir y ayudar cuando sea necesario.

Tomar el control en situaciones de grupo: En situaciones donde varias personas son testigos de una emergencia, tomar el liderazgo puede ser clave. A veces, simplemente señalar a alguien directamente y decirle que llame a emergencias puede resolver el problema de la difusión de la responsabilidad. Asumir el control de la situación puede evitar la parálisis del grupo.

El efecto espectador en la era digital: El fenómeno del efecto espectador también se ha trasladado al mundo digital. En situaciones de acoso en línea o campañas de desinformación, las personas pueden no actuar o intervenir porque asumen que alguien más lo hará. Es crucial ser proactivos también en los entornos digitales, reportando comportamiento dañino o apoyando a quienes son víctimas.

El efecto de la difusión de la responsabilidad y el caso de Kitty Genovese subrayan el peligro de asumir que "alguien más" se encargará de una situación de emergencia. Este fenómeno psicológico se ha demostrado en numerosos estudios y tiene un profundo impacto en cómo actuamos en grupos. Para combatir este efecto, es esencial desarrollar una mentalidad de responsabilidad personal, actuar proactivamente y ser un ejemplo para los demás. Al hacerlo, no solo ayudamos a quienes lo necesitan, sino que también creamos una cultura de responsabilidad y cuidado mutuo.

14. La motivación intrínseca es más poderosa que la extrínseca

La motivación intrínseca y extrínseca son dos tipos de motivación que influyen en el comportamiento humano. La motivación intrínseca se refiere a la motivación que proviene de dentro de una persona, como el deseo de aprender o disfrutar de una actividad por sí misma. En contraste, la motivación extrínseca se refiere a motivaciones externas, como recompensas o reconocimiento.

Los investigadores Edward Deci y Richard Ryan desarrollaron la Teoría de la Autodeterminación, que sostiene que la motivación intrínseca es más efectiva y duradera que la extrínseca. Uno de sus experimentos clave fue diseñado para explorar cómo las recompensas externas pueden afectar la motivación intrínseca.

El experimento de Deci y Ryan

<u>Participantes:</u> En el estudio, participaron estudiantes universitarios que eran incentivados a participar en una serie de actividades lúdicas, como juegos de rompecabezas o tareas similares que requerían creatividad y pensamiento crítico.

Condiciones del experimento:

Los participantes fueron divididos en tres grupos:

- Grupo 1 (motivación intrínseca): Este grupo no recibió recompensas externas y se les permitió participar libremente en la actividad.

- Grupo 2 (motivación extrínseca): Este grupo fue incentivado con recompensas monetarias por su rendimiento en la actividad, lo que introdujo un componente de motivación extrínseca.

- Grupo 3 (recompensa inesperada): Este grupo recibió una recompensa al finalizar la actividad, pero no fueron informados de antemano sobre la misma.

Medición de la motivación: Después de las tareas, los investigadores observaron cuánto tiempo los participantes pasaban en la actividad cuando se les dejó elegir, sin recompensas ni instrucciones adicionales. El objetivo era medir el grado en que los participantes estaban intrínsecamente motivados para continuar con la actividad.

Los resultados mostraron que:

El grupo 1, que no recibió recompensas, mostró un mayor interés en continuar la actividad y dedicó más tiempo a ella una vez que se les permitió elegir libremente.

El grupo 2, que fue incentivado con recompensas monetarias, mostró un interés reducido en la actividad una vez que se eliminó la recompensa. Su motivación disminuyó, lo que indica que la recompensa externa había afectado negativamente su motivación intrínseca.

El grupo 3, que recibió una recompensa inesperada, mantuvo un nivel de interés similar al grupo 1. Esto sugiere que las recompensas inesperadas no dañaron la motivación intrínseca de los participantes.

Enseñanzas para la vida diaria

Fomentar la motivación intrínseca: Este estudio destaca la importancia de promover la motivación intrínseca en diversas áreas, como la educación y el trabajo. Las personas son más propensas a comprometerse y a persistir en una tarea cuando sienten un interés genuino en ella. Fomentar el amor por el aprendizaje y la curiosidad puede llevar a resultados más satisfactorios y duraderos.

Cuidado con las recompensas externas: Las recompensas externas, como el dinero o el reconocimiento, pueden ser efectivas a corto plazo, pero pueden socavar la motivación intrínseca a largo plazo. En lugar de depender únicamente de incentivos externos, es importante encontrar formas de motivar a las personas a través de la satisfacción personal y el desarrollo de habilidades.

Recompensas inesperadas: Las recompensas inesperadas pueden ser una forma efectiva de reforzar la motivación sin disminuir el interés intrínseco en la tarea. Este tipo de recompensas pueden ser útiles en situaciones en las que se quiere motivar a alguien sin comprometer su interés en la actividad.

Enfoque en el propósito: Comprender el propósito detrás de una tarea o actividad puede aumentar la motivación intrínseca. Ya sea en el trabajo, la educación o la vida personal, establecer metas significativas y conectar las actividades con valores personales puede ayudar a aumentar la motivación y el compromiso.

Cultivar un ambiente de apoyo: Crear un entorno que apoye la autonomía, la competencia y la relación social puede fomentar la motivación intrínseca. Por ejemplo, en el aula, los educadores pueden ofrecer a los estudiantes opciones sobre cómo abordar una tarea o proyecto, lo que les permite sentir que tienen control sobre su aprendizaje.

Desarrollo personal y crecimiento: La motivación intrínseca es fundamental para el crecimiento personal y el desarrollo. Al involucrarse en actividades que nos apasionan, podemos mejorar nuestras habilidades, expandir nuestro conocimiento y encontrar una mayor satisfacción en nuestras vidas.

Reconocimiento de logros: Reconocer y celebrar los logros personales, sin depender únicamente de recompensas externas, puede aumentar la motivación intrínseca. La retroalimentación positiva y el reconocimiento del esfuerzo pueden reforzar el deseo de seguir avanzando y aprendiendo.

Fomentar la curiosidad: En la vida diaria, cultivar la curiosidad y el deseo de aprender puede llevar a una mayor satisfacción y motivación. Dedicar tiempo a explorar nuevas actividades, intereses y pasiones puede ayudarnos a descubrir lo que realmente nos motiva y nos brinda placer.

Los estudios de Deci y Ryan sobre la motivación intrínseca y extrínseca resaltan la importancia de la motivación que proviene de dentro de nosotros mismos. La motivación intrínseca no solo conduce a un mayor compromiso y satisfacción, sino que también fomenta un aprendizaje más profundo y significativo.

Al comprender la diferencia entre ambos tipos de motivación y sus efectos en nuestro comportamiento, podemos aplicar estas enseñanzas en nuestra vida diaria para promover un mayor bienestar y éxito personal.

15. El sesgo de confirmación

El sesgo de confirmación es un fenómeno psicológico que se refiere a la tendencia de las personas a buscar, interpretar y recordar la información de una manera que confirme sus creencias preexistentes, mientras ignoran o minimizan la información que podría contradecirlas. Este sesgo puede influir en la forma en que tomamos decisiones y cómo procesamos la información en la vida cotidiana.

Uno de los estudios más representativos sobre el sesgo de confirmación fue realizado por el psicólogo Peter Wason en la década de 1960.

El experimento de Wason
Tarea de selección de cartas: En este experimento, se le presentó a los participantes una tarea que consistía en un conjunto de cuatro cartas. Cada carta tenía un número en un lado y una letra en el otro. Las cartas eran:

A (letra)
D (letra)
4 (número)
7 (número)

Se les dijo que, si una carta tenía una vocal en un lado, entonces tenía un número par en el otro lado. Es decir, la regla era: "Si hay una vocal, entonces hay un número par".

Selección de cartas: Los participantes debían seleccionar las cartas que necesitarían voltear para determinar si la regla era verdadera. Los participantes debían identificar qué cartas necesitaban ser verificadas para confirmar o refutar la regla.

Resultados: La mayoría de los participantes eligieron voltear la carta A (para confirmar la regla) y la carta 4 (también para confirmar la regla). Sin embargo, muy pocos eligieron voltear la carta 7, que podría proporcionar evidencia en contra de la regla, ya que, si había una vocal en el lado opuesto, esto demostraría que la regla era falsa.

Los resultados de Wason demostraron que los participantes tenían una fuerte tendencia a buscar información que confirmara la regla, ignorando la posibilidad de que la evidencia podría refutarla. Este comportamiento refleja claramente el sesgo de confirmación en acción.

Enseñanzas para la vida diaria

Reconocer el sesgo de confirmación: Ser consciente de que todos somos propensos a este sesgo puede ayudarnos a cuestionar nuestras propias creencias y decisiones. Es importante estar abiertos a nuevas ideas y a la información que pueda desafiar nuestras suposiciones.

Buscar evidencia contraria: En la toma de decisiones, es útil buscar activamente información que pueda contradecir nuestras creencias o conclusiones. Esto nos permite tener una visión más completa de una situación y tomar decisiones más informadas.

Fomentar el pensamiento crítico: La educación en el pensamiento crítico puede ayudar a las personas a ser más conscientes de sus propios sesgos y a cuestionar sus creencias. Alentar a las personas a examinar diferentes perspectivas y a considerar evidencia de múltiples fuentes puede enriquecer su comprensión de un tema.

Ser consciente de las redes sociales: En la era de la información, el sesgo de confirmación puede verse amplificado por las redes sociales, donde las personas tienden a seguir a otros que comparten sus opiniones y creencias. Esto puede crear cámaras de eco que refuercen nuestras ideas preconcebidas. Es importante diversificar las fuentes de información que consumimos.

Promover un diálogo abierto: Fomentar conversaciones abiertas y respetuosas sobre temas controvertidos puede ayudar a desafiar el sesgo de confirmación. Escuchar las opiniones de los demás y considerar sus argumentos puede ampliar nuestra comprensión y ayudar a superar la resistencia a la información que contradice nuestras creencias.

Reflexionar sobre decisiones pasadas: Al reflexionar sobre decisiones pasadas, podemos identificar momentos en los que nuestro sesgo de confirmación pudo haber influido en nuestras elecciones. Este ejercicio de reflexión puede ayudarnos a ser más conscientes de cómo el sesgo puede afectar nuestro comportamiento en el futuro.

Fomentar un ambiente de aprendizaje: En entornos educativos o laborales, crear un ambiente que valore el aprendizaje continuo y la crítica constructiva puede ayudar a las personas a superar el sesgo de confirmación. Esto puede implicar alentar a los estudiantes o empleados a explorar ideas que desafíen su pensamiento habitual.

Tomar decisiones informadas: Antes de tomar decisiones importantes, es útil recopilar información de diversas fuentes y considerar diferentes puntos de vista. Esto no solo mejora la calidad de la decisión, sino que también ayuda a reducir el riesgo de caer en el sesgo de confirmación.

El sesgo de confirmación es un fenómeno que afecta la forma en que procesamos la información y tomamos decisiones. El experimento de Wason revela cómo tendemos a buscar y dar más peso a la información que respalda nuestras creencias, mientras que ignoramos o minimizamos la que podría contradecirlas. Al ser conscientes de este sesgo y aplicar las enseñanzas en nuestra vida diaria, podemos mejorar nuestra capacidad para tomar decisiones informadas y fomentar un pensamiento crítico más sólido.

16. La importancia del autocuidado para la salud mental

El autocuidado es fundamental para mantener una buena salud mental, y uno de los estudios clave que destaca la importancia del autocuidado en la gestión del estrés es el trabajo del psicólogo Richard Lazarus. Lazarus es conocido por su teoría del estrés y su enfoque en el proceso de evaluación cognitiva que las personas utilizan para enfrentarse a situaciones estresantes.

El estudio de Lazarus sobre el estrés

Evaluación del estrés: Lazarus y su colega, Susan Folkman, desarrollaron la teoría del estrés psicológico, que se centra en cómo las personas evalúan y manejan el estrés. En su investigación, realizaron una serie de estudios que involucraron a participantes que experimentaban situaciones estresantes, como problemas laborales, relaciones interpersonales y enfermedades.

Proceso de evaluación: En su modelo, Lazarus describió dos tipos de evaluación que las personas llevan a cabo al enfrentarse a situaciones estresantes:

- Evaluación primaria: Se refiere a la interpretación inicial de una situación y la valoración de su impacto. Se pregunta: "¿Es esta situación peligrosa o amenazante?"

- Evaluación secundaria: Implica la evaluación de los recursos y opciones disponibles para manejar la situación. Se pregunta: "¿Qué puedo hacer para enfrentar esta situación? ¿Tengo los recursos necesarios?"

Enfoque en el autocuidado: En sus investigaciones, Lazarus enfatizó la importancia del autocuidado y las estrategias de afrontamiento que las personas utilizan para manejar el estrés. Observó que aquellos que implementaban técnicas de autocuidado, como la atención plena, el ejercicio físico y el tiempo de calidad con amigos y familiares, tendían a manejar mejor el estrés y a experimentar menos problemas de salud mental.

Medición de resultados: Los investigadores midieron el bienestar psicológico de los participantes a través de encuestas y evaluaciones que evaluaban la calidad de vida, la ansiedad, la depresión y la percepción del estrés. A lo largo de sus estudios, se observó que las personas que practicaban el autocuidado mostraban una mayor resiliencia ante el estrés y mejores resultados de salud mental.

Enseñanzas para la vida diaria

Autoconocimiento y evaluación del estrés: Comprender cómo evaluamos las situaciones estresantes es clave para manejarlas de manera efectiva. Realizar una evaluación consciente de la situación puede ayudarnos a tomar decisiones informadas sobre cómo proceder.

Implementar técnicas de afrontamiento: Es importante desarrollar y practicar estrategias de afrontamiento saludables, como la meditación, la atención plena, el ejercicio regular y el tiempo para actividades placenteras. Estas prácticas pueden ayudar a reducir la ansiedad y mejorar nuestra capacidad para enfrentar el estrés.

Priorizar el autocuidado: Hacer del autocuidado una prioridad en nuestra vida diaria es fundamental para mantener una buena salud mental. Esto incluye cuidar nuestro bienestar físico, emocional y social. Reservar tiempo para actividades que disfrutamos y que nos hacen sentir bien puede tener un impacto positivo en nuestra salud mental.

Buscar apoyo social: Lazarus destacó que contar con un sistema de apoyo social puede ser un recurso vital para manejar el estrés. Compartir nuestras preocupaciones y experiencias con amigos y familiares puede proporcionar una sensación de conexión y alivio emocional.

Identificar y gestionar el estrés: Reconocer las fuentes de estrés en nuestras vidas y cómo nos afectan es un primer paso importante. Al identificar las situaciones que nos generan estrés, podemos tomar medidas para abordarlas y buscar soluciones efectivas.

Practicar la autoempatía: Ser compasivos con nosotros mismos y reconocer que es normal experimentar estrés y dificultades es esencial. La autoempatía puede ayudarnos a abordar nuestras emociones de manera saludable y evitar la autocrítica negativa.

Establecer límites: A menudo, el estrés proviene de compromisos excesivos y falta de límites. Aprender a decir "no" y establecer límites saludables en nuestras relaciones y responsabilidades puede contribuir a una mayor salud mental y bienestar.

Fomentar la resiliencia: Lazarus enfatizó que la resiliencia es una capacidad que puede desarrollarse. Practicar el autocuidado y aprender a manejar el estrés de manera efectiva puede aumentar nuestra resiliencia y hacernos más fuertes ante los desafíos futuros.

El estudio de Richard Lazarus sobre el estrés destaca la importancia del autocuidado en la salud mental y cómo las evaluaciones cognitivas afectan nuestra percepción y manejo del estrés. Las enseñanzas extraídas de su trabajo nos animan a ser proactivos en nuestra atención a las necesidades emocionales y físicas, y a desarrollar estrategias efectivas para afrontar el estrés. Al priorizar el autocuidado y adoptar prácticas saludables, podemos mejorar nuestra salud mental y bienestar general.

17. El poder del lenguaje corporal

En el ámbito de la psicología social, la doctora Amy Cuddy, profesora y psicóloga social de Harvard, llevó a cabo un experimento fascinante que puso de relieve cómo el lenguaje corporal no solo afecta la forma en que los demás nos perciben, sino también cómo nos percibimos a nosotros mismos.

Cuddy y su equipo se propusieron investigar el concepto de "posturas de poder" y cómo estas afectan la autopercepción y el comportamiento de las personas. El experimento exploraba la relación entre las posturas corporales expansivas (llamadas posturas de poder) y el nivel de confianza y dominio que sentimos.

Participantes: A los participantes del estudio se les pidió que adoptaran una de dos posturas durante un período de dos minutos:

- Posturas de alto poder: Estas eran posiciones expansivas y abiertas, como estar de pie con las manos en las caderas o con los brazos extendidos.

- Posturas de bajo poder: Estas eran posiciones cerradas y encogidas, como cruzar los brazos o inclinarse hacia adelante.

Mediciones hormonales: Después de adoptar estas posturas, los investigadores midieron los niveles de dos hormonas clave en los participantes:

- Testosterona: Asociada con la confianza y la sensación de poder.

- Cortisol: Asociada con el estrés y la ansiedad.

Resultados: Los participantes que adoptaron las posturas de poder experimentaron una disminución significativa en los niveles de cortisol, lo que indicaba una reducción en la sensación de estrés y ansiedad. En contraste, aquellos que adoptaron posturas de bajo poder experimentaron el efecto opuesto: sus niveles de testosterona disminuyeron y sus niveles de cortisol aumentaron, lo que se tradujo en una mayor sensación de inseguridad y estrés.

Además, en la segunda parte del experimento, se pidió a los participantes que realizaran una entrevista simulada para un trabajo, que fue evaluada por jueces externos. Aquellos que adoptaron las posturas de alto poder antes de la entrevista fueron percibidos como más seguros, carismáticos y con mayor capacidad de liderazgo que aquellos que habían adoptado posturas de bajo poder.

Enseñanzas para la vida diaria

Tu postura afecta cómo te sientes: Uno de los hallazgos más importantes de este experimento es que nuestra postura no solo influye en cómo nos ven los demás, sino en cómo nos sentimos con nosotros mismos. Adoptar una postura de poder, como estar de pie con los brazos en jarra (la "postura de superhéroe"), puede aumentar tu confianza en momentos de duda o estrés, como antes de una presentación o una entrevista.

La mente y el cuerpo están conectados: Este experimento destaca la profunda conexión entre el cuerpo y la mente. Cambiar conscientemente nuestra postura física puede alterar nuestra química cerebral y, por ende, nuestra respuesta emocional a las situaciones desafiantes.

Pequeños cambios, grandes impactos: El simple hecho de modificar nuestra postura durante solo dos minutos puede tener un impacto significativo en cómo nos sentimos y cómo nos desempeñamos en situaciones sociales o profesionales. Este hallazgo es particularmente útil para aquellos que se enfrentan a desafíos que requieren confianza, como hablar en público o tomar decisiones importantes.

Reducir el estrés mediante el lenguaje corporal: Adoptar posturas de poder puede ser una técnica efectiva para reducir el estrés y aumentar la sensación de control. Por ejemplo, antes de una reunión importante o una negociación, tomarse un momento para practicar una postura de poder puede disminuir la ansiedad y aumentar la sensación de competencia.

Mejorar la percepción que los demás tienen de ti: Las investigaciones de Cuddy también sugieren que el lenguaje corporal afecta cómo los demás nos perciben. Adoptar posturas abiertas y expansivas puede hacerte parecer más seguro y competente ante los demás, mejorando tus relaciones y tu éxito en situaciones sociales y profesionales.

Posturas para momentos críticos: En situaciones como entrevistas de trabajo, reuniones importantes o incluso presentaciones en público, practicar una postura de poder antes del evento puede influir en el resultado. Los jueces que evaluaron las entrevistas del estudio observaron a los participantes con posturas expansivas como más carismáticos y con mayor potencial de liderazgo.

El experimento de Amy Cuddy revela que el poder de nuestro lenguaje corporal va más allá de la simple comunicación no verbal; tiene un impacto directo en nuestra autopercepción y nuestras emociones. Adoptar posturas de poder no solo puede mejorar la forma en que los demás nos ven, sino que también puede cambiar cómo nos sentimos por dentro. En la vida cotidiana, esta es una herramienta práctica y sencilla que todos podemos usar para aumentar nuestra confianza, reducir el estrés y mejorar nuestro rendimiento en situaciones importantes.

18. La técnica del pie en la puerta

La técnica del pie en la puerta es una estrategia de persuasión que sugiere que las personas son más propensas a acceder a una solicitud mayor después de haber aceptado una pequeña. Esta técnica fue formalmente investigada en un estudio realizado por los psicólogos Jonathan Freedman y Scott Fraser en 1966, quienes demostraron cómo pequeños compromisos iniciales pueden llevar a mayores concesiones posteriores.

Descripción del experimento

Objetivo del estudio: Freedman y Fraser querían probar la hipótesis de que las personas tienen más probabilidades de aceptar una petición grande si previamente han aceptado una petición menor y más fácil de cumplir. Para investigar esto, llevaron a cabo un experimento con residentes en vecindarios suburbanos de California.

En la primera parte del estudio, los investigadores se acercaron a un grupo de residentes y les hicieron una pequeña petición: poner un cartel muy pequeño en la ventana o en el jardín que apoyara la seguridad vial. La mayoría de las personas accedieron a esta solicitud, ya que era una petición simple y poco intrusiva.

En la segunda parte del estudio, semanas después, los mismos investigadores se acercaron a esas personas y les pidieron un favor mucho más grande: instalar en sus jardines un cartel de gran tamaño que decía "Conduzca con cuidado", lo cual era una solicitud mucho más intrusiva y visible.

Resultados:

Los residentes que habían accedido a la primera petición pequeña (poner el cartel pequeño) eran mucho más propensos a aceptar la segunda solicitud más grande (el cartel grande) en comparación con aquellos a los que solo se les había solicitado la petición grande directamente, sin haber aceptado la primera petición menor.

Aproximadamente un 76% de las personas que habían aceptado la primera solicitud pequeña accedieron a la segunda petición mayor. En cambio, solo un 17% de las personas a las que se les pidió directamente el cartel grande aceptaron la solicitud.

Este estudio introdujo el concepto de la técnica del pie en la puerta, que se basa en la idea de que, una vez que las personas han dicho "sí" a una petición pequeña, es más probable que accedan a solicitudes mayores debido a varios factores psicológicos:

Consistencia: Las personas tienden a querer ser consistentes con sus decisiones anteriores. Si ya han accedido a un pequeño favor, es probable que continúen diciendo "sí" a peticiones relacionadas para mantener coherencia en su comportamiento.

Compromiso: Aceptar una pequeña solicitud inicial crea un sentido de compromiso. Una vez comprometidos, las personas suelen sentir la obligación de cumplir con solicitudes mayores que refuercen ese compromiso inicial.

Enseñanzas para la vida diaria

Persuasión gradual: La técnica del pie en la puerta es útil cuando queremos convencer a alguien de hacer algo significativo. Si comenzamos pidiendo un pequeño favor o compromiso, será más fácil lograr que acepten una solicitud más grande en el futuro. Esto puede ser valioso en situaciones como ventas, negociaciones o incluso en relaciones personales.

Uso en relaciones sociales: Cuando tratamos de influir en el comportamiento de los demás, es más eficaz comenzar con peticiones pequeñas. Por ejemplo, si deseas que un amigo o colega te ayude con un proyecto importante, pedirles algo menor al principio (como una opinión o un consejo) puede hacer que estén más dispuestos a involucrarse más profundamente más adelante.

Aplicación en el trabajo: Los líderes o gerentes que buscan que sus empleados asuman mayores responsabilidades pueden comenzar con tareas pequeñas. A medida que los empleados se comprometen con estas tareas, será más probable que asuman tareas más grandes y significativas sin sentir que se les está pidiendo demasiado.

Construir hábitos: Esta técnica también se puede aplicar a uno mismo. Si quieres adquirir un nuevo hábito o realizar un cambio significativo en tu vida, comienza con un pequeño compromiso. Por ejemplo, si tu meta es empezar a hacer ejercicio, comprometerte a solo cinco minutos de ejercicio al día puede ser un buen primer paso para eventualmente asumir una rutina más intensa y duradera.

Evitar rechazo abrupto: Pedir demasiado desde el principio puede generar resistencia o rechazo. La técnica del pie en la puerta enseña que es más efectivo aumentar gradualmente las solicitudes, lo que disminuye la probabilidad de una negativa abrupta.

Crear confianza en ventas o marketing: En el ámbito comercial, las empresas pueden utilizar esta técnica ofreciendo productos o servicios gratuitos o de bajo costo para atraer a los clientes. Una vez que los clientes han aceptado el primer paso, estarán más inclinados a aceptar ofertas más caras o comprometidas.

Cambio de comportamiento social: Si se busca influir en un cambio de comportamiento, como fomentar actitudes proambientales o de seguridad, iniciar con pequeños pasos es clave. Al lograr que las personas se involucren de manera mínima al principio, es más fácil que adopten comportamientos más sustanciales a largo plazo.

El estudio de Freedman y Fraser sobre la técnica del pie en la puerta demuestra cómo los pequeños compromisos iniciales pueden allanar el camino para solicitudes más grandes. En la vida cotidiana, esta técnica tiene múltiples aplicaciones, desde la persuasión en ventas y negociaciones, hasta la creación de nuevos hábitos personales. Comprender y aplicar esta técnica nos permite influir más efectivamente en los demás y, a su vez, construir compromisos que nos ayuden a alcanzar nuestras propias metas.

19. El efecto Zeigarnik

El efecto Zeigarnik es un fenómeno psicológico descubierto por la psicóloga soviética Bluma Zeigarnik en 1927. Este efecto se refiere a la tendencia de las personas a recordar mejor las tareas inacabadas o interrumpidas que las tareas completadas. Zeigarnik observó que cuando una actividad es interrumpida, crea una especie de tensión mental que hace que se mantenga en nuestra memoria hasta que sea completada.

Descripción del experimento

Zeigarnik comenzó su investigación tras notar algo curioso en un restaurante. Observó que los meseros podían recordar los pedidos de las mesas mientras no estuvieran pagados, pero tan pronto como las cuentas eran liquidadas, olvidaban rápidamente los detalles de esos pedidos. Esto despertó su interés por estudiar cómo las personas recuerdan tareas completadas e incompletas.

Zeigarnik reunió a un grupo de participantes y les pidió que realizaran una serie de tareas simples, como resolver rompecabezas o completar ejercicios manuales.

A algunos de los participantes se les permitió completar las tareas, mientras que a otros se les interrumpía antes de que pudieran terminarlas.

Después de un tiempo, Zeigarnik les pidió a los participantes que recordaran las tareas que habían realizado.

Zeigarnik descubrió que los participantes recordaban significativamente mejor las tareas que no habían logrado completar, en comparación con las tareas que habían terminado.

Este hallazgo mostró que las personas tienen una tendencia natural a mantener las tareas incompletas más presentes en su memoria, debido a una "tensión cognitiva" que busca resolución.

Enseñanzas para la vida diaria

Motivación para finalizar tareas: El efecto Zeigarnik puede ser utilizado como una fuente de motivación para completar proyectos o tareas. Cuando dejamos algo inconcluso, nuestra mente sigue recordándonos que debemos terminarlo, lo que puede generar una incomodidad psicológica que nos impulsa a actuar. Usar esta incomodidad de manera positiva puede ayudar a evitar la procrastinación.

Planificación de trabajo y estudio: Al interrumpir brevemente el trabajo o el estudio, se puede aprovechar el efecto Zeigarnik para mantener la información fresca en la mente. Por ejemplo, si estás estudiando para un examen, hacer pausas regulares mientras estudias puede ayudarte a retener mejor lo que has aprendido.

Técnicas de productividad: El efecto Zeigarnik está detrás de muchas técnicas de productividad que sugieren empezar por pequeñas tareas y dejarlas parcialmente incompletas. Por ejemplo, en la técnica Pomodoro, se trabaja durante un período de tiempo y luego se hace una pausa. El hecho de no completar la tarea en su totalidad puede aumentar el deseo de regresar a ella y completarla más tarde, ayudando a mantener el enfoque.

Reducción de ansiedad: En situaciones en las que las personas tienen múltiples tareas pendientes, el efecto Zeigarnik puede aumentar la sensación de estrés o ansiedad, ya que las tareas incompletas tienden a mantenerse en la mente. Ser consciente de este efecto puede ayudarnos a gestionar mejor nuestra lista de tareas pendientes, priorizando aquellas que generan más tensión mental.

Marketing y entretenimiento: El efecto Zeigarnik es utilizado con frecuencia en marketing y medios de comunicación. Por ejemplo, en las series de televisión, los episodios suelen terminar en "cliffhangers" o puntos de tensión no resueltos, lo que genera en el espectador la necesidad de ver el siguiente episodio. Las marcas también utilizan este efecto en la publicidad, creando campañas que dejan al consumidor con una sensación de incompletitud, lo que les motiva a saber más o a realizar una compra.

Mejora de la memoria: Una forma de aprovechar el efecto Zeigarnik para mejorar la memoria es fragmentar las tareas o la información que estamos aprendiendo. Al interrumpir voluntariamente una actividad, la mente la mantendrá más activa en nuestra memoria, lo que puede ayudar a recordar mejores detalles importantes.

Manejo del estrés en el trabajo: Ser consciente del efecto Zeigarnik puede ayudarnos a ser más compasivos con nosotros mismos cuando sentimos que no podemos desconectar de nuestras tareas inacabadas. Esta tensión cognitiva es natural, y podemos usarla para organizarnos mejor, priorizando aquellas tareas que ocupan más espacio mental.

El efecto Zeigarnik revela cómo nuestra mente da prioridad a las tareas inacabadas, lo que genera una "tensión mental" que nos impulsa a finalizarlas. Este fenómeno es extremadamente útil para mejorar nuestra motivación, productividad y retención de información. Comprender y aplicar este principio en la vida diaria nos permite manejar mejor nuestras tareas pendientes, evitar la procrastinación y mantenernos enfocados en lograr nuestras metas, tanto en el ámbito profesional como personal.

20. La ley de Yerkes-Dodson

La ley de Yerkes-Dodson es un principio psicológico que relaciona el nivel de arousal (activación o excitación) con el rendimiento. Esta ley establece que existe una relación en forma de curva entre la excitación y el rendimiento: a niveles bajos o muy altos de excitación, el rendimiento es pobre; mientras que, a un nivel intermedio de excitación, el rendimiento es óptimo. Fue descubierta en 1908 por los psicólogos Robert M. Yerkes y John D. Dodson.

Descripción del experimento

Objetivo del estudio: Yerkes y Dodson querían explorar cómo la dificultad de una tarea y los niveles de estimulación afectaban el rendimiento de los sujetos en la realización de tareas. En su experimento, trabajaron con ratones para observar cómo respondían a diferentes niveles de estímulo (electricidad) en una tarea de discriminación.

A los ratones se les enseñó a elegir entre dos puertas, una de las cuales estaba asociada con una recompensa, mientras que la otra puerta proporcionaba una leve descarga eléctrica.

Los investigadores variaron la intensidad de la descarga eléctrica (que funcionaba como un factor de estrés o motivación) para ver cómo afectaba la capacidad de los ratones para aprender y realizar la tarea correctamente.

También variaron la dificultad de la tarea, haciendo que las puertas fueran más o menos distinguibles, lo que complicaba o facilitaba la tarea de discriminación.

Los ratones respondieron mejor cuando la intensidad de la descarga (el nivel de estrés o motivación) era moderada. Si la descarga era demasiado suave, los ratones no estaban lo suficientemente motivados para realizar la tarea; si la descarga era demasiado fuerte, se distraían o se confundían, lo que les impedía aprender adecuadamente.

La conclusión fue que el rendimiento óptimo se alcanzaba con un nivel intermedio de excitación o estrés. Demasiado poco o demasiado alto de este factor perjudicaba el rendimiento.

Conclusión del estudio: La ley de Yerkes-Dodson postula que el rendimiento aumenta con la excitación fisiológica o mental, pero solo hasta un cierto punto. Después de ese punto, cuando la excitación se vuelve demasiado alta, el rendimiento comienza a decrecer.

Enseñanzas para la vida diaria

Encuentra el punto óptimo de estrés: El estudio muestra que un cierto grado de estrés o activación es necesario para maximizar el rendimiento en las tareas. Por ejemplo, en situaciones de trabajo o estudio, un pequeño grado de presión (como una fecha límite o la expectativa de rendir bien) puede mejorar el enfoque y la motivación. Sin embargo, un exceso de estrés puede llevar al bloqueo mental, ansiedad y agotamiento.

Gestión del estrés: La ley de Yerkes-Dodson sugiere que no todo el estrés es negativo. Aprender a gestionar el nivel de excitación es clave para optimizar el rendimiento. Si te sientes demasiado relajado, podría ser útil establecer objetivos claros o plazos para aumentar la motivación. Si, por el contrario, estás demasiado estresado, técnicas como la meditación, respiración profunda o el descanso pueden ayudar a reducir el exceso de presión.

Ajustar el nivel de dificultad de las tareas: La relación entre excitación y rendimiento también depende de la dificultad de la tarea. Para tareas sencillas, niveles más altos de activación pueden ser beneficiosos, pero para tareas complejas que requieren concentración, un nivel de estrés moderado es más útil. En el día a día, esto significa que cuando te enfrentes a una tarea difícil, es mejor estar tranquilo y concentrado, mientras que, para tareas más fáciles, un poco más de presión puede ayudar a hacerlas rápidamente.

Motivación y productividad: Si estás demasiado relajado, podrías perder la motivación para completar tus metas. Aplicar algo de presión a ti mismo, como fijar metas específicas o comprometerte públicamente, puede aumentar el nivel de activación y mejorar tu productividad. Sin embargo, es esencial no sobrecargarse, ya que el exceso de presión podría llevar a la ineficacia.

Rendimiento en situaciones de alta presión: La ley de Yerkes-Dodson es particularmente relevante en situaciones de alto rendimiento, como exámenes, entrevistas de trabajo o eventos deportivos. Estos son momentos en los que es crucial alcanzar un nivel óptimo de activación. Demasiada relajación puede llevar a la apatía, mientras que un exceso de nerviosismo puede causar errores. Controlar tu nivel de activación antes de estos eventos es esencial para lograr un buen rendimiento.

Motivación en el trabajo en equipo: En ambientes de trabajo, la ley de Yerkes-Dodson puede ayudar a los líderes a entender la importancia de ajustar el nivel de presión en función de las tareas y la capacidad del equipo. Aplicar demasiada presión en un proyecto complicado podría generar ansiedad y afectar el rendimiento, mientras que muy poca presión podría hacer que los miembros del equipo pierdan el enfoque.

En la vida diaria, podemos aprovechar esta ley para mejorar nuestro rendimiento en diversas áreas. Si necesitas realizar una tarea que has estado postergando, aumentarte un poco la presión o el sentido de urgencia podría ser beneficioso. Por otro lado, si te sientes abrumado, tomarte un momento para relajarte podría permitirte volver a la tarea con mayor claridad y eficiencia.

La ley de Yerkes-Dodson ofrece una comprensión valiosa de cómo la excitación o el estrés influyen en el rendimiento. El equilibrio entre demasiado poco y demasiado estrés es crucial para alcanzar el máximo rendimiento. Aplicar esta ley en la vida diaria nos ayuda a gestionar el estrés, mejorar la productividad y enfrentar tareas desafiantes de manera eficiente. La clave está en encontrar ese punto intermedio que nos motive sin abrumarnos.

———†———

Si te ha resultado útil e interesante el presente libro, puedes ampliar la información con las siguientes obras que encontrarás en esta plataforma

- **Oscuros experimentos psicológicos** (Autor Lic. Guillermo H. Pegoraro) 50 experimentos controvertidos y censurables en la historia de la Psicología

- **Oscuros experimentos psicológicos II** (Autor Lic. Guillermo H. Pegoraro) 30 experimentos controvertidos e inquietantes en la historia de la Psicología

- **20 lecciones de psicología práctica para el éxito en el amor** (Autor Phillips Tahuer)

- **20 lecciones de psicología práctica para el éxito en los negocios** (Autor Phillips Tahuer)

www.ingramcontent.com/pod-product-compliance
Lightning Source LLC
Chambersburg PA
CBHW061335140726
47997CB00003B/994
9798227902146